我国学前教育

公益性评价指标体系

构建与运用

刘鸿昌 著

中国学者研究文库

中国社会出版社
国家一级出版社·全国百佳图书出版单位

图书在版编目（CIP）数据

我国学前教育公益性评价指标体系构建与运用 / 刘鸿昌著. -- 北京：中国社会出版社，2018.5

ISBN 978-7-5087-5970-8

Ⅰ.①我… Ⅱ.①刘… Ⅲ.①学前教育—教育评估—研究 Ⅳ.①G610

中国版本图书馆 CIP 数据核字（2018）第 092989 号

书　　名：我国学前教育公益性评价指标体系构建与运用
著　　者：刘鸿昌

出 版 人：浦善新
终 审 人：李　浩
责任编辑：陈贵红

出版发行：中国社会出版社　　**邮政编码：**100032
通联方式：北京市西城区二龙路甲 33 号
电　　话：编辑部：（010）58124828
邮购部：（010）58124848
销售部：（010）58124845
传　真：（010）58124856
网　　址：www. shcbs. com. cm
shcbs. mca. gov. cn
经　　销：各地新华书店

中国社会出版社天猫旗舰店

印刷装订：三河市华东印刷有限公司
开　　本：170mm×240mm　1/16
印　　张：11.5
字　　数：168 千字
版　　次：2018 年 5 月第 1 版
印　　次：2018 年 5 月第 1 次印刷
定　　价：45.00 元

中国社会出版社微信公众号

前言

19世纪中叶以后，尤其是进入20世纪以来，学前教育逐渐发展成为公众的责任和社会公共事业。将学前教育作为政府负主要责任的公益性公共事业，不断增加财政性投入、加大学前教育监管力度，并等同或参照义务教育的思路发展学前教育是当今的国际趋势。

我国也不例外，自《国家教育改革与发展规划纲要（2010—2020）》颁布实施以来，我国各级政府对学前教育予以高度重视，并为之投入了大量的人力、财力、物力，学前教育取得了长足发展，无论是公共学前教育资源，还是幼儿师资队伍都得到了显著的扩充，在很大程度上缓解了“入园难”“入园贵”等突出问题。但是作为基础教育之基础的学前教育依然是我国教育体系中的最大短板，其发展仍然面临着一系列亟待解决的问题，而问题的根源在于学前教育的公益性缺乏保障，导致学前教育公益性缺乏保障的原因在于政府对学前教育投入不足、管理职能缺失等因素。

基于此，本书在进一步明确各级各地政府学前教育管理职能的基础上，试图构建一套客观检测政府学前教育办学行为的评价指标体系，以达突显学前教育公益性，促进学前教育快速发展、全面普及之目的。本书主要内容如下：

第一章是绪论。以学前教育公益性为研究逻辑起点，着重介绍本论文的研究背景、研究的目的及意义、相关核心概念界定、研究综述、研究的思路与方法等。

第二章是宁波市学前教育现状调查研究部分。首先，选取宁波市突显学前教育发展梯度的区县（北仑、江北、慈溪等）进行基本情况分析。其次，通过问卷调查、访谈等方式，对上述区县学前教育发展现状进行实证调查，并从区域政府学前教育管理职能的角度分析出导致学前教育公益性缺乏保障的原因。最后，针对上述调查结果及所得原因进行专家咨询，进一步探究导致学前教育公益性缺乏保障、遭受质疑的影响因素和根本原因，为后面评价指标体系的设置初步拟定指标。

第三章是指标体系构建的相关理论分析部分。此部分以学前教育公益性为主线，从学前教育公共产品属性理论、区域政府学前教育管理职能理论、AHP 分析理论以及学前教育相关法律法规等方面阐述本研究的理论基础，并初步拟定本评价指标体系构建应遵循的六大原则和相关内容。

第四章是指标体系构建的实践探索部分。在借鉴“投入－产出”模式的基础上，遵循层次分析法（AHP）确定指标、权重系数，设计学前教育公益性评价指标体系框架，并再次通过问卷调查、专家访谈等方法，对所构建的学前教育公益性评价指标体系进行合理性论证和可信度分析，最后提出学前教育公益性提升的改进对策与建议。

第五章对研究进行了反思，指出在整个研究过程中存在的不足，并就其中的不足，对后续研究进行了展望。

目 录

CONTENTS

第一章

绪 论

19 世纪中叶以后，尤其是进入 20 世纪以来，学前教育逐渐发展成为公众的责任和社会公共事业。① 将学前教育作为政府负主要责任的公益性公共事业，不断增加财政性投入、加大学前教育监管力度，并等同或参照义务教育的思路发展学前教育是当今的国际趋势。②

学前教育是国民教育体系的重要组成部分，是重要的社会公益性事业，是关系千家万户切身利益的民生工程，其发展须坚持公益性。③ 坚持学前教育公益性是促进学前适龄儿童身心健康成长、提升国民综合素质、维护社会公平的重要保障。基于此，当今世界，许多国家，不论是发达的西方国家，还是尚处于发展中的国家，均依据本国国情，采取相应对策，努力提升学前教育公益性，以此达到保障儿童权利、维护社会公平、促进教育发展之目的。我国政府亦不例外，习近平总书记在党的十九大报告中再次明确指出，努力让每一个孩子都能享有公平而有质量的学前教育，是

---

① 芭芭拉·鲍曼，等. 美国国家研究院早期教育委员会研究报告：渴望学习——教育我们的幼儿［M］. 南京：南京师范大学出版社，2005：17－19.

② 刘占兰. 学前教育必须保持教育性和公益性［J］. 教育研究，2009（5）：33－34.

③ 国务院关于当前发展学前教育的若干意见（国发〔2010〕41 号文）. http：//www. gov. cn/zhengce/content/2010－11/24/content_ 5421. html.

改善民生、维护公平的重要举措，是当下新时代中国特色社会主义基本思想和方略之一。① 足可见，如何科学评价学前教育的公益性是摆在学界面前亟待攻克的难题。特别是在我们这样一个人口众多、学前教育基础薄弱、公共学前教育资源稀缺的发展中国家，如何客观且富有针对性地科学评判学前教育公益性，更是摆在国人面前的一个十分重要且亟待攻克的难题。而这一难题的解决需要在相关理论的支撑下，借助恰当的分析工具，结合我国特定的国情，探求适切的解决策略，以达到学前教育公益性实现之目的。

第一节　研究的问题提出

在国际社会日益重视并着力发展学前教育，加大对学前教育的财政投入和管理力度以突显其公益性之际，我国各级政府对此亦采取了或正欲采取积极的行动。如早在 2007 年，我国政府就出台了《关于加快学前教育改革和发展的若干意见》等政策，据此，我国依据此政策，制定各地相应政策。如宁波市紧密围绕“有房、有钱、有人、有质量”的“四有”工作思路和“均衡、优质、多元”的战略目标，在人、财、物、质量等方面加大保障力度，较大程度地促进了该市学前教育的发展。截至 2009 年年底，该市共有幼儿园 1244 所（其中民办 997 所，占总数的 80%），在园幼儿 23.53 万人，纯入园率达到 99%，专任教师 1.3 万人。② 尽管如此，学前

① 习近平．提高保障和改善民生水平，加强和创新社会治理（节选《中国共产党十九大报告》），http：//cpc. people. com. cn.

② 数据来源：2010 年 9 月宁波市教育局最新内部统计资料。

教育仍然是该市教育发展中的最短一板,① 其发展面临着“上园难、上好园更难”，家长保幼负担十分沉重，学前教育性质定位模糊，学前教育成本核算、合理分担机制不健全，幼儿教师岗位吸引力低，各区县发展不均衡等亟待解决的问题。

学前教育在现实中存在的一系列上述问题，其根源是学前教育的教育性和公益性两个基本特性没有得到保证，学前教育的功能和定位落实不够。② 目前，宁波市社会各界仍然对学前教育公益性的看法由于考虑问题的角度各异和立场不同，持有的观点也截然不同。

观点一，认为学前教育和中小学一样同属公共物品，兴办教育事业是群众拥护、政府应尽的责任，因此政府应该加大投入力度，理应为此埋单，确保学前教育真正成为各级教育中公共性最强、社会受益面最广的一项社会公益事业。

观点二，认为该市整个教育基础都比较薄弱，政府无力承担学前教育的全部经费支出，因而对于学前教育的发展上只能采用“民办为主体，公办为主导”的策略。

观点三，对于学前教育的发展，既要尊重历史和现实，又要明确改革目标，学前教育是一项公益事业，政府应该在学前教育发展上发挥主导作用。

以上观点提及的“学前教育公益性”评价和理解上的分歧与偏差，不同群体对政府资金投入上的迥异态度，反映出宁波市学前教育管理体制改革中的一个极为严重而又令人困惑不解的问题，即如何保证学前教育的公

---

① 引自2009年9月10日，宁波市人大常委副主任陈旭同志在市教育局关于学前教育工作会议上的讲话。

② 刘占兰．学前教育必须保持教育性和公益性［J］．教育研究，2009（5）：33－34.

益性，也是本研究亟待解决的首要问题。

如果通过明确政府责任、加大财政投入力度便可以解决上述问题的话，那么，接下来的问题就是政府该给学前教育投入多少、判断政府对学前教育财政投入最佳水平的标准和方式是什么。目前该市不仅存在政府财政投入不足的问题，还有学前教育发展规划不科学、管理不到位和评价体系缺失等问题，后者更为严重。因此，“怎样构建合理的评价指标体系”，便成了本研究的第二个问题，即本研究的核心问题。

第二节 研究的目的及意义

一、研究的目的

本研究通过分析我国现行学前教育管理的现状，针对宁波市学前教育公益性遭受质疑的现状，分别选取北仑、江北等地区幼教机构进行调研，分析存在的问题，积极寻求完善的对策，试图研究出一套反映学前教育公益性特征的、适合区域学前教育发展水平监测的指标体系，为区域学前教育政策制定和学前教育管理提供可资借鉴的依据。

二、研究的意义

学前教育公益性评价体系研究是一项跨学科的研究，需要教育学、管理学、教育政策和法学、儿童福利学等多门学科的背景知识，是我国学前教育领域刚刚开发的“处女地”。

本研究具有较强的理论意义和实践意义。首先，从理论上看，本研究将从教育政策和法学的角度，对政府学前教育管理职能、学前教育公益性理论进行深度解析；其次，基于宁波市目前学前教育的客观事实和改革趋势，将对该市当前学前教育政府财政经费投入的合理配置等问题提出比较客观务实的建议；最后，为了从根源上解决学前教育公益性日渐弱化、政府责任缺失等诸多问题，将提出完善宁波市学前教育公益性评价指标体系的理论构想。

本研究对丰富学前教育评价研究具有一定的积极作用。我国的学前教育管理研究一直以来主要限于幼儿园内部的微观管理层面，如幼儿园的人员管理、财务管理、教学管理、一日生活管理等方面的研究，其研究的问题小而散，比较微观，存在“只见树木不见森林”的现象。其实，如何合理评价学前教育的公益性问题，直接关系到我国学前教育均衡发展、教育的公平、民族伟大复兴等一系列问题。如果不从确保学前教育公益性的视角加强政府责任，则不易客观评价学前教育的生存环境，很难找出学前教育管理中的各种问题的教育根源和社会根源，更难做出科学的符合实际的学前教育管理决策。本研究将从宁波市社会和教育变革的角度分析学前教育公益性评价体系建立的必要性，从财政学角度分析宁波市学前教育财政投入的历史和现状；依据我国财政制度基础和国际经验，做出学前教育公益性评价指标体系建构设想。该研究显然既具宏观特点，又有微观特点。

另外，本研究将至少可以对宁波市学前教育管理实际工作的如下三个方面产生积极的影响：一方面为宁波市各级政府、各部门单位和各类幼儿园筹集经费提供合理建议；另一方面对宁波市各种幼儿教育资源的配置情况进行客观分析，并提出参考意见；再一方面为各级政府建立科学合理的学前教育公益性评价指标体系提供理论参考。

第三节 核心概念的界定

本研究为了阐述的方便，在此先对本研究标题中的核心概念做出解释，而研究中各部分的相关概念，将在各章节内部另作说明。

一、学前教育

明确什么是学前教育，必须首先明确人的年龄特征和年龄划分。人的一生按年龄可分为若干阶段，如婴儿期（0—3 岁）、幼儿期（3—6 岁）、儿童期（6—11/12 岁）、少年期（11/12—14/15 岁）、青年期、成年期、老年期等。不同的年龄阶段有不同的年龄特征、不同的发展需要。① 按照年龄阶段施教是教育的一条基本规律，世界上大多数的国家都遵循这一规律，以学前教育、初等教育、中等教育、高等教育来规划本国学制及教育内容。

作为教育的一个子概念，学前教育具有广义和狭义之分。广义的学前教育所涵盖的范围比较宽泛，凡是能够影响和促进少儿身体成长和认知、情感、意志、性格和行为等方面发展的活动，都可以看作是一种学前教育的行为。从人的年龄划分来看，广义的学前教育是指针对0—6/7 岁年龄阶段的婴儿、幼儿所实施的教育，比如，梁志燊认为学前教育是“对从出生到入学前的儿童所进行的教育”②。但是也有学者将学前教育提到胎儿期，认为胎教属于学前教育的范畴，比如李生兰认为学前教育是“对胎儿至进

① 李季湄．幼儿教育学基础［M］．北京：北京师范大学出版社，2000：15.
② 梁志燊．学前教育学［M］．北京师范大学出版社，1990：2.

入小学前的儿童所进行的教育、组织的活动和施加的影响，它的教育对象包括胎儿、婴儿（0—3岁）、幼儿（3—6/7岁）。”① 从教育类型划分来看，广义的学前教育不仅包括以各类亲子园、托儿所、幼儿园等为主的教育，而且包括学龄前婴、幼儿的社会教育和家庭教育。狭义的学前教育则是指以各类幼儿园、学前班为主，由专人看护或辅导，针对3—6/7岁年龄阶段的幼儿的发展，实施的有目的、有计划、有组织的影响活动。狭义的学前教育是指以幼儿园、学前班为主要载体的教育，不包括家庭教育和社会教育，但接受和欢迎家庭教育活动和社会活动的融入。狭义的学前教育在我国隶属学校教育体系，比如，国家颁布的《幼儿园工作规划》就明确指出：幼儿园是3周岁以上学龄前幼儿实施保育和教育的有机组成部分，是学校教育制度的基础阶段。本研究所指的学前教育即为狭义的学前教育。

联合国教科文组织将学前教育（pre - primary）概念界定为“将上小学前的正规的早期学习，可以附设在小学里进行，也可以完全独立于小学”。对学前教育这一概念涵盖的年龄段，有不同的解释。一种认为学前教育是指3—6岁儿童的教育，另一种认为学前教育指0—6岁儿童设立的保幼机构。② 各国自己决定学前教育持续的年限，有的1年，有的3年；服务对象年龄3—7岁。③

本研究根据上述论证、结合研究需要，将学前教育定义为“3—6岁年龄段儿童在家庭以外的社会专门机构中所受的早期教育”。学前教育是我国教育事业的重要组成部分，也是《中华人民共和国教育法》明确规定的

---

① 李生兰．学前教育学［M］．上海：华东师范大学出版社，2006：1.

② 蔡迎旗．幼儿教育财政投入与政策［M］．北京：教育科学出版社，2007：5.

③ 联合国教科文组织编．2000－2015年全民教育：成就与挑战［M］．北京：教育科学出版社，2015：47.

国家学校教育制度的第一个阶段，它具有教育性和公益性两个基本特性。①

二、公益性

对公益性概念的直观理解不存在什么难度，但同时，这一概念的含义可宽可窄，以至于不同的人可以有不同的用法。有时，不管出于什么原因，只要能为社会带来益处就被认为具有公益性；有时，公益性又必须有从事公益行为的动机才行。既有的公益性概念并没有区分出不同的情形，因而，一方面造成它的泛滥使用，另一方面又使得我们无法有效地运用它。许多争论缘起于此。②

“公益性”是一个含义广泛、边界模糊、错综复杂的概念，虽然做一个形式上的界定相当容易，但是想要解析清楚却难度巨大。因为其含义显得过于宽泛，不易把握，更不易理论化，而在实际上又频繁使用这一术语，同样是因为其意义可以覆盖一大类现象。学界试图澄清这一概念，众多学者从不同视角给出自己的解说，但至今还没有给出一个令人满意的界定。既有的“公益性”界定非但含义不明确，机制不清楚，甚至在出发点上就存在问题。③

今天，公益的发展已经涉及了社会的方方面面，而每个领域对于公益都有着不同的诠释。从伦理学的角度而言，公益是指以人类幸福为终极价值目标的价值体系与行为机制。从政治学的角度而言，公益是指以人类幸福为终极价值目标的国家治理结构和治理权力分配体系。从经济学的角度

① 引自《中华人民共和国教育法》(2015 年修订版)。

② 陶传进．社会公益供给——NPO、公共部门与市场［M］．北京：清华大学出版社，2005 年版，P21。

③ 陶传进．社会公益供给——NPO、公共部门与市场［M］．北京：清华大学出版社，2005 年版，P21。

而言，公益则是一种以他人利益为目标的投资者不参与分配盈余的社会资源分配机制。从法学的角度而言，公益则是一种以社会整体公平、正义、伦理道德价值为标准的权利义务分配体系。

本研究认为在界定“什么是公益性”之前，必须追问四个问题：“谁提供公益”“谁的公益”“怎样公益”“怎样的公益”。对于“谁提供公益”问题：当下随着市场对教育的介入，由政府和社会力量（包括营利性教育机构）共同向社会提供教育服务或产品，实现社会的公共利益。这是世界上多数国家的通行做法，也是中国教育发展的趋势。① 因此，公益提供的主体应包括政府、社会组织和个人。对于“谁的公益”问题：相对于受益群体复杂的自然特性和社会复杂特性来说，任何社会制度下的公益供给都具有有限性和相对性，因此受益群体难以涵盖社会中的所有成员，而只能尽可能地最大限度、最大范围地扩大受益面。对于“怎样公益”，涉及公益实现方法和路径问题，即怎样实现社会公益的问题。在不同时代、不同社会制度下，公益提供主体选择实现社会公益的方式方法途径各不相同。如西方功利主义者们认为，在实现个人利益的过程中，总是有一只看不见的手引导着并最终增进社会的利益，虽然最终的结果并非出于个人的意愿。② 而社群主义主张，人首先是社会的存在，正是社会的现实生活构成了个人的认同和价值，包括道德立场，尤其是关于善的观念。个人的善首先也是社会的善的反映，社会的公共善对于社群成员的个人之善拥有优先性。在追求社会共同的善之前提下达到个人的高度一致，从而实现自我的个人利益。进而由此演化出国家或政府为了共同的善即公共利益的实现，具有不可或缺责任的结论。对于“怎样的公益”，随着社会的发展进步，

① 劳凯声．面临挑战的教育公益性［J］．教育研究，2003（2）．
② ［英］亚当·斯密．国富论［M］．北京：商务印书馆，1972。

在未来社会进程中，教育所带来的社会公益不能仅停留在物化的或经济的公益形式上，而要不断地向非物化形式或非经济的形式转化。因为公益的实质是把人的发展、人的价值、人的尊严视为人类社会、人的关系、人的行为的根本。

在弄清楚公益性相关基本问题之后，本研究将公益性概念界定为，政府、社会组织及个人有价值的行为（产品或服务）为共同体内的大多数成员无排他性地享有，而自身没有获得相应补偿的属性。这一界定与本词的原初意义是基本相似的。公益性一词最原初的内涵，某些时候被人描述为它所包含的浅显和平常的含义。但是，一旦把学界企图精深和改造公益的含义而做的努力所引发的混乱考虑起来时，研究者认为或许还是应借用公益性最原初的含义作为最合适的选择。更重要的问题是，这类解释不仅属于公益性的最原初的定义，并且具备确切的性质。

三、教育的公益性

对于教育公益性的定义，学界众说纷纭，莫衷一是。邢永富是较早研究教育公益性概念的学者之一，他认为教育的公益性是教育事业客观存在的一种内在的社会属性，教育提供的产品或服务只能由人们共同地占有和享用。① 杨晓霞将前人的界定较为全面地归纳为五个方面，即符合社会公共利益、不以营利为目的、由国家举办、追求平等、强调非经济价值取向。② 她并在此基础上将教育公益性定义为“面向全体成员，增进社会公

① 邢永富．教育公益性原则略论［J］．北京师范大学学报，2001（2）：50.

② 杨晓霞．教育公益性的重新解读——兼论教育的公益性与产业性关系［J］．中国教育学刊，2002（10）：11.

共利益的一种属性”。① 以上观点基本都是从教育公益性的提供方式角度来界定其内涵的。文东茅在阐述民办教育的公益性之前，将教育的公益性定义为教育能为受教育者（及其直接亲属）之外的其他社会成员带来的经济或非经济的收益。而受教育者及其直接亲属从受教育中获得的经济的和非经济的收益是教育的私利性。② 这一观点是从教育外部性的视角来看教育的公益性。杨卫安认为对教育公益性内涵的把握应从教育的提供、教育的进行和教育的结果三个维度去考察。

综合上述观点，并结合本文对公益性内涵的界定，笔者将教育公益性定义为指组织或个人所提供的教育具有对大多数甚至全体公民有利或无偿享有的属性，且该属性不具有排他性。政府是教育的提供主体，同时它作为公民利益的代表者，也是教育活动中的最大受益主体。

教育对公众及社会的贡献集中表现在以下方面：一方面促进共同价值观念、道德准则和社会制度等的形成；另一方面有利于缩小社会贫富差距、促进社会公平、均衡发展；再一方面为经济发展提供智力支撑等。

四、学前教育的公益性

作为整个教育体系的一个重要组成部分的学前教育同样具有公益性和教育性，公益性是其基本属性之一，公平是其应有之义。但是目前学界对于学前教育公益性的内涵尚无确切表述。笔者认为对学前教育公益性内涵的把握应从政府的层面去考察。政府作为公民利益的代表者，同样也是学前教育事业的最大受益主体。从政府层面界定学前教育公益性的内涵具体

① 杨晓霞．试论教育公益性与产业性关系的理论基础［J］．广州大学学报，2004(3)：78.

② 文东茅．论民办教育公益性与私营性的非矛盾性［J］．北京大学教育评论，2004(1)：43.

体现在四个定位上。① 一是指政府关于学前教育的功能价值定位，即从学前教育促进经济发展、维护社会公平和实现幼儿身心自由、健康、全面发展的角度来界定学前教育；二是指政府关于学前教育的性质定位，即从学前教育是一项公益性事业的角度来界定学前教育；三是指政府关于学前教育的投资定位，即从政府公共投资学前教育的责任主体的角度来界定学前教育；四是指政府关于学前教育的回报定位，即从学前教育回报途径的多元化的角度来界定学前教育。

依据上述论证，并结合政治哲学中社群主义的相关理论，本研究将学前教育的公益性界定为“政府、社会组织及个人提供的学前教育产品或服务为共同体内的大多数成员无排他性地享有，而自身没有获得相应的补偿的属性”。个体或组织有价值的学前教育服务或产品可以是物化形式的产品或服务，也可以是非物化形式的。本研究侧重从物化和非物化形式等角度探究学前教育公益性的实现路径。

根据上述界定，本研究进一步将学前教育公益概念解构成以下类型。

（一）广义的学前教育公益性和狭义的学前教育公益性

根据学前教育广义、狭义概念的差异，本研究将学前教育的公益性亦划分为广义的学前教育公益性和狭义的学前教育公益性。广义的学前教育公益性是指学前教育提供主体（政府、市场、社会、家庭和个人）所提供的教育及教育收益能使国内大多数甚至全体公民无偿享有，并给其带来经济或非经济收益的属性。狭义的学前教育公益性仅指公共教育机构所提供的教育及教育收益为幼儿所提供收益的属性。

---

① 刘鸿昌．宁波市学前教育公益性评价指标体系构建［D］．宁波大学硕士毕业论文，2011.

（二）直接的学前教育公益性和间接的学前教育公益性

有研究者根据教育公益性的两个方面，即与教育提供相关的公益性和与教育结果相关的公益性，把教育公益性分为直接公益性和间接公益性。① 以此类推，学前教育的公益性自然亦可以划分为直接公益性和间接公益性两种。这两种学前教育公益性并不必然出现在同一学前教育服务之中。如果由政府直接投资提供的学前教育，则具备直接公益性；如果是由市场或个人投资提供的学前教育，幼儿家长需要掏钱购买后孩子才能享受的学前教育，则具备间接公益性。学前教育的直接公益性主要是从学前教育这一产品或服务的提供形式来体现的，而学前教育的公益性主要是从学前教育的结果角度而言，且只有具有这种正外部性的产品或服务才具有这种结果公益性。

（三）传统的学前教育公益性和现代的学前教育公益性

依据历史的维度，将学前教育公益性分为传统的学前教育公益性和现代的学前教育公益性。传统的学前教育公益性主要指以救济、社会、慈善为目的提供给学前儿童的学前教育公益性；现代学前教育公益性主要针对学前教育提供主体多元，办园目的不再局限于解放妇女劳动力，给困难群体提供救济、慈善等为目的的学前教育。

（四）自然的学前教育公益性和衍生的学前教育公益性

在公民社会，由纯公益动机的人和社会组织提供的学前教育，具有纯公益性；而由出于主观为自己、客观为他人的动机，提供的学前教育则产生衍生的学前教育公益性。

（五）过程的学前教育公益性和结果的学前教育公益性

从大教育观的视角出发，我们可以把教育看成是一个从提供到产生结

---

① 杨卫安，邬志辉．教育公益性概念的争议与统一［J］．教育发展研究，2009（9）．

果的动态过程，这个过程大致包括教育的提供与教育的结果两个部分。相应地，也就产生了与教育提供和教育结果相关的两方面的公益性问题。① 据此，笔者认为，学前教育的公益性亦可以划分为过程公益性和结果公益性。学前教育的公益性做如此划分之后，可以化解现实中人们对学前教育公益性的诸多误解。由政府所提供的教育既具有过程公益属性，也具有结果公益属性，而由市场参与提供的教育，主要侧重于结果公益性。

（六）物化形式的学前教育公益性和非物化形式的学前教育公益性

根据西方现代政治哲学公益政治理论流派代表——沃尔泽——的观点，即“普遍的善在现实中的物化形式即为公共利益，简称公益”，而与这种物化形式的公益相对的，自然是非物化形式的公益。学前教育作为当今社会普遍存在的公益事业，套用沃尔泽的观点，自然也可以将其公益性划分为物化形式的学前教育公益性和非物化形式的学前教育公益性。

（七）产品类的学前教育公益性和非产品类的学前教育公益性

物化形式的学前教育公益性可以进一步细分为产品形式的学前教育公益性和非产品形式的学前教育公益性。产品形式的公益是一目了然的，如各种各样的社会福利。②

学前教育的公益性具有以下显著特征。对任何事物的性质和特点的分析，其目的就在于认识该事物区别于其他事物的根本属性，找出其所具有的独特的地方。③ 对学前教育公益属性和特点进行分析，就是要找出学前教育公益性所固有的属性和特点。

（1）非营利性。指公益性行为不以利润的最大化为追求的目标，与不

---

① 杨卫安，邬志辉. 教育公益性概念的争议与统一［J］. 教育发展研究，2009（9）.

② ［加］威尔·金里卡著. 当代政治哲学［M］. 上海，刘莘译：上海译文出版社，2011。

③ 范先佐. 教育经济学［M］. 北京：人民教育出版社，1999：191。

以经济利益的多寡为衡量自身价值的标准。公益虽然不追求利润的最大化，但也不盲目排斥正当的利益需求。

（2）益他性。以他人与社会的福利最大化为价值目标的特征。利益流向的单向性才是益他性在经济领域的完整说明。

（3）伦理性。公益是社会自身衍化的产物，它根植于社会，以社会福利为追求目标。

此外，学前教育公益性还具有民生性、公共性、全体性、利益性、全局性等特征。

准确把握学前教育公益性这一内涵将有助于科学设置学前教育公益性的实现路径。

一是指政府关于学前教育的功能定位，即从学前教育促进社会经济发展和个体发展的角度来界定学前教育；二是指政府关于学前教育的性质定位，即从学前教育是一项公益性事业的角度来界定学前教育；三是指政府关于学前教育的投资定位，即从政府公共投资学前教育的责任主体的角度来界定学前教育；四是指政府关于学前教育的回报定位，即从学前教育回报途径的多元化的角度来界定学前教育。

准确把握学前教育公益性这一内涵将有助于科学设置学前教育公益性的测量指标和评价标准。

五、评价指标体系

“评价”一词在一般汉语词典里的主要意思是“评定价值高低”。评价具有客观性、科学性等特性。制定科学、客观的学前教育公益性评价指标体系有利于学前教育管理的正确决策，有利于调控教育管理过程，促使其朝着预定的目标运行，有利于检验学前教育事业发展水平。

“指标”的一般含义是“计划中规定达到的目标”。① 指标有定性指标和定量指标之分。在教育评价中，指标是指具体的、行为化的、可测量或可观察的评价内容，即根据可测或可观察的要求而确定的评价内容，用具体的项目反映抽象的内容。② “评价体系”是指教育活动数量和质量要求的具体评价内容的集合。

评价指标体系是评价标准的载体和具体体现。它是对评价标准的具体化，是一系列相关的、系统的、个体的评价指标的总和。通常，评价指标体系包括三级评价指标，即一级评价指标、二级评价指标和三级评价指标，它们之间呈逐级分解和细化的关系。③ 指标体系不仅包含各项指标的集合，而且还包括各项指标的权重系数、评价标准以及各项指标的文字描述。④ 因此，学前教育公益性评价指标体系应包含以下一些要素：学前教育公益性评价指标、权重、学前教育公益性评价标准等。

第四节　研究的文献综述

学前教育公益性评价体系构建研究，在我国还是一个非常薄弱的领域，国外的情况相对较好。下面将相关资料分类述评。

---

① 中国社会科学院语言研究所词典编辑室编．现代汉语词典［Z］．北京：商务印书馆，1983：1753.

② 金娣，王刚．教育评价与测量［M］．北京：教育科学出版社，2002：107.

③ 王斌华．教师评价：绩效管理与专业发展［M］．上海：上海教育出版社，2005：78.

④ 姜凤华．现代教育评价理论、技术、实践［M］．广州：广东人民出版社，2003：65.

（一）关于公益性内涵研究的分析

对公益相关问题的研究自然绕不开针对公益内涵的界定。通过文献梳理，笔者发现已有研究对公益内涵的界定主要是从以下视角做出界定。

1. 从词源上界定。依据权威词典等根据书上的字词条文对核心概念给出界定，基本上是学界的通用做法。这一点公益性问题的研究者也不例外。如较多研究者依据我国2004年出版的《现代汉语规范词典》对“公益”一词所做解释，将“公益”界定为“社会公共的利益”。[①②] 据查证，我国2002年之前出版的《现代汉语词典》中均没有收录“公益”词条。可见，在我们的传统汉语言体系中并没有“公益”这样固定的用语。有研究表明，“公益”是一个外来词，它是经由西方舶到日本，由日本人转译而来，其最初是在日本人岗幸助始的《慈善问题》一书中出现的，他在书中将英文的“public welfare”译为“公益”[③]。

据《牛津词典》的解释，“public”一词是指“公众的、公共的（尤其是指中央或地方政府）的意思”。public的原型来自希腊词“pubes”。这个古老的希腊词语表达的是身体和感情的或智力的双重成熟，尤其是指人们超越自我关心或自我利益而关注和理解他人的利益，意味着个体对自身行为可能给他人造成的后果以及自他关系的自觉。因此，public强调的不仅是客观上的量的集合，还带有主观上的共同人文关怀。“welfare”一词在翻译过程中常常用“益”来表达，但是这里的“益”与我们通常所指代

① 中国社会科学学院语言研究所词典编辑室编．现代汉语词典（2002年增补本）［Z］．北京：商务印书馆，2002：436；李行健主编．现代汉语规范词典［M］．外语教学与研究出版社，2004：454。

② 刘文渠．公益性校外教育政策的变迁研究——基于话语分析的方法［D］．首都师范大学硕士论文，2012.

③ 秦晖．政府与企业以外的现代化：中西方公益事业史比较研究［M］．杭州：浙江人民出版社，1999.

的经济利益有着本质差异。因为在英文原意中“welfare”所表达的是健康、幸福和繁荣等含义，它包含的是人们对幸福、健康和繁荣的美好追求。

法语词典对“公益”一词的解释与《牛津词典》的解释较为相近。法语词汇 Intérêt 对应的汉语意思是“利益、好处、关心、关怀和好意”等，而 Intérêt mpubic 对应汉语词汇中的“公益”，即公共的、全体的、集体的利益①。“公共利益”一词对应的古希腊词汇是“To sumpheron”和“Koinon agathon”，而对应的古罗马词语是“Utilitas communis”和“Bonum publicum”②。可见公益和公共利益并非是两个含义完全相同的词语。

2. 从语义上分析。仅依据词条的解释界定“公益”的内涵显得过于笼统、抽象，不便于解释其在特定的历史时期、特定的语境中真正内涵。因而从语义等视角探究“公益”这一新词的内涵显得尤为必要。早在 20 世纪初，有学者对公益的内涵进行了形象描述：“譬之一街之中，不能无击柝之人，于是一街之户宅集议，各出资若干而雇一人为之；一街之中欲筑一桥，修一路，于是一乡之户宅集议，或按田亩，或按人丁，各出资若干而动工为之。击柝之人、桥路为一街一乡公益之所在。”③ 以上论述所说的“公益”主要是指一定群体内部成员的公共利益。更确切地说，这里所指的一定群体内部成员的公共利益主要是国家的公共利益以及全民族的公共利益。有西方学者依据社会契约论中的观点，把“public welfare 或 public interest”即“公益”解读为是社会公众所追求的包括慈善、福利、健康和

① 黄新成主编．法汉大词典［Z］．上海：上海译文出版社，2002：1868；黄建华主编．汉法大词典［Z］．北京：外语教学与研究出版社，2014：35。

② ［美］约翰·菲茨帕特里克著．密尔的政治哲学［M］．万绍红译，北京：人民出版社，2014：46。

③ 方志钦，刘斯春．梁启超诗文选［M］．广州：广东人民出版社，1983.

安全等利益的总称，其对立面是个人的私利、私益①。而有学者更是将公益进一步理解为“……帮助人们不仅要取得由一个国家的许多不同工业生产的这样一些物质福利，而且也要帮助他们求得精神上的幸福”②。从上述学者对公益的理解中，不难发现，西方语境中的“public welfare”，不仅包含了公共的“利”和“益”双方内涵，更是突出了公众在社会公益活动中的受益。

3. 从思想上理解。“公益”在古今中外历史上一直是人类追求的理想，它所体现的是一种美好、进取的精神和人文关怀。如我国古代孟子所倡导的“穷则独善其身，达则兼济天下”。再如古希腊柏拉图所著的《理想国》、亚里士多德的《政治学》，乃至近代的空想社会主义、现代西方政治哲学中的社群主义等思想中无不包含着一种对公共秩序、公共道德、民主精神的追寻；无不隐含着一种关心他人、承担社会责任的公益精神；无不体现一种承担责任、奉献爱心、彰显公益的社会情怀。

4. 从实践上把握。作为一种社会行为方式，公益蕴含着社会的公平正义、友爱互助以及人们对美好社会、美好生活的向往与追求。③ 公益融合在社会生活的广阔领域，我国相关法律对公益的范围有如下界定：救助灾害、救助贫困、救助残疾人等困难的社会群体和个人的活动；教育、科学、文化、卫生、体育事业；环境保护、社会公共设施建设；促进社会发展和进步的其他社会和公共福利事业。现代公益已不再是传统的以慈善、救助为核心的小公益，而是拓展到地球村各个领域、各个层面的大公益。

① ［英］洛克著．政府论［M］．叶启芳，瞿菊农译，北京：商务印书馆，1964：69。
② ［意］阿奎那著．阿奎那政治著作选［M］．马清槐译，北京：商务印书馆，1982：156。
③ 沈贵鹏．关于公益教育的思考［J］．基础教育，2014（4）．

对于有责任感的世界公民，现代公益无处不在，人人有份。① 随着现代公益事业的发展，公益理念从单位主导的社会慈善理念，向新的以公民权利观、财富观为核心的现代公益理念转变。②

上述不同视角的分析，自然有其合理的成分，然而针对一个内涵复杂、外延广泛的概念而言，如果单从某一方面或某些方面去解读公益内涵，显然有失偏颇。公益内涵随着公益事业的发展，由于其行为主体、行为对象、概念的内涵和外延、行为类型等一直都处于调整和变化之中，③ 因此，在新的社会历史条件下，如何动态地、辩证地、科学地界定公益内涵是公益性相关研究者不可回避的课题。

（二）关于公益思想发展脉络研究的分析

通过对公益相关文献的梳理，研究者发现公益作为一种理想、作为一种事业自古到今皆有，只是不同时期所使用的名称不同而已，如西方近代之前多以“慈善”“救济”等词体现，而近代社会则多以“福利”等概念突显。然而，尽管不同时期使用名称有所不同，但是公益事业的发展有其自身的脉络可寻。现将已有文献之观点综述如下：

1. 西方公益思想发展脉络研究的分析

西方公益思想的发展可以分为传统公益思想和现代公益性两大部分，而西方传统公益思想的发展大致经历了古希腊罗马时期、中世纪、前近代、近代、现代五个主要阶段。

其一，古希腊罗马时期公益思想

在这漫长的历史演变过程中，公益一词在相当长时间里几乎等同于

---

① 沈贵鹏．关于公益教育的思考［J］．基础教育，2014（11）．

② 王守杰．论慈善事业从传统恩赐向现代公益的转变［J］．河南师范大学学报，2010.

③ 戚小村．论西方传统公益伦理思想［M］．伦理学研究，2006（2）．

"慈善"①。这一点在古希腊、罗马时代得到充分体现。古希腊公益思想主要体现在希腊语词汇和著名哲学家的著作思想之中。古希腊词语"phil"对应的汉语意思为"爱","anthropy"对应的汉语意思为"人类"。两词组合在一起形成新词,古希腊人民赋予新词新的内涵,即通过个人的善举,包括捐赠、提供服务或其他爱心活动来减轻人类的痛苦和灾难,促进人类福利事业的发展,改善人类生活的质量。② 从上文论述中,"pubes"和"welfare"这两个古老的希腊词汇所表达的公益内涵更是清晰可辨。同时,古希腊时期的公益思想在柏拉图的《理想国》、亚里士多德的《政治学》等名篇中早有充分论述。如柏拉图所建构的理想国就是以实现城邦全体公民之最大幸福为目的。而在亚里士多德看来,政治活动的内在目的在于公民的福利与兴盛③,而善是人类本性意义上的目的,是人作为一个种类所特有的追求目标,善对人类最终意味着幸福(eudaimonia)。④ 亚里士多德所倡导的善,就是让全体城邦人过上最好的生活,而对美好幸福生活——善的追求而言,美德是一个必要的内在条件。通过上述论证,不难看出柏拉图、亚里士多德等人的公益思想是一种建立在美德基础之上的城邦公民共同体精神的公益观,试图以公民德行或公民资格来界定公益,并将民主政治视为达到公益的一种政治哲学思想⑤,而在当时的希腊具有公民身份的人并非全体城邦人,其公益之不足显而易见。

---

① 戚小村. 论西方传统公益伦理思想[J]. 伦理学研究, 2006(2).

② Schneewind, J. B.(ed), 1996. Giving: Western Ideas of Philanthropy. Bloominton: Indiana Univ. Press.

③ [英]杰弗里·托马斯著. 政治哲学导论[M]. 顾肃, 刘雪梅译, 北京: 中国人民大学出版社, 2006年版, P6.

④ 亚里士多德著. 政治学[M]. 颜一, 秦典华译, 北京: 中国人民大学出版社, 1999: 681。

⑤ 冯建军主编. 中国教育哲学研究——回顾与展望[M]. 北京: 北京师范大学出版社, 2015: 447。

其二，中世纪西方公益思想

西方中世纪是教会占绝对统治地位的时代，公益慈善精神在基督教义及其宗教活动中得以充分体现，因而这一时期的公益思想及活动带有浓厚的宗教思想。如 charity 一词，在许多工具上都解释为“仁爱”“基督之爱”“为上帝而普爱众生”等意。这一时期的著名神学家托马斯·阿奎那在其《神学大全》中更是将慈善行为和基督宗教行为合二为一。他认为人类都是上帝所造，人的灵魂是上帝的形象，因此人们要无差别地爱每一个人，要无私地为所有人谋利益。① 综上所述，中世纪基督教会所倡导的公益慈善是以宗教公益精神为核心，以普度众生为目的。宗教信仰对西方公益精神的形成和发展具有重要的意义，但在马克思看来，这种教会公益在某种程度上而言，具有较大虚伪性和欺骗性。② 随着文艺运动的兴起，以人道主义精神为价值核心的人文公益应运而生。人道主义者们视实施慈善捐赠、自愿服务他人、改善社会、救助困难群体为自己的一种神圣使命。

其三，前近代西方公益思想

当代史学对西方（乃至日本、印度等其他国家）前近代的公益、慈善事业或“社会工作”事业的历史已积累了丰富的研究成果。如 J. B. 施尼温德等对西方博爱与救济意识演进史的研究③、A. E. C. 麦坎茨对 17 ~ 18 世纪荷兰自治市阿姆斯特丹等地市民慈善组织与孤儿救助事业的论述④、

① W. Weaver, U. S. Philanthropic Foundation: Their History , Structure Management and Rrcord . New York, 1967.

② 马克思，恩格斯．马克思恩格斯全集（第四卷）［M］．北京：人民出版社，1958：218。

③ Schneewind, J. B. (ed), 1996. Giving : Western Ideas of Philanthropy. Bloominton: Indiana Univ. Press.

④ Mccants , Anne E. C. , 1997. Civic Charity in a Golden Age: Orphan Care in Early Modern Amsterdam. Urbana: Univ. of Illinois Press.

M. 道顿等的英国公益慈善史探讨①、S. 卡瓦罗对 1541～1789 年意大利都灵地区慈善医院文献的考证②、T. M. 萨弗利关于德国奥格斯堡地区济贫抚孤公益事业历史的描述③，等等。从这些研究看，西方近代之前的传统公益慈善事业除技术上的落后特征（活动领域狭小，主要限于救济孤儿、施舍医药，等等）外，在观念形态与社会组织层面更有明显的特点：在观念上慈善过分依赖于宗教意识，被看作是一种单方向的“赐予”（Giving），不可能形成“公共物品”的概念。活动局限于狭小的群体，而且往往被纳入传统共同体的束缚——保护关系中，施舍者与被施舍者间形成一种人身依附纽带。如 16 世纪都灵地区“慈善与权力”存在着明显的相关性，捐助者建立免费医院的目的往往是以之作为通往统治者地位的桥梁。而文艺复兴时期佛罗伦萨最著名的慈善机构英诺森养济会，则是直接受庇于教皇的。它虽然也由教会募捐来支持，但那时的认捐属于对教会尽义务，并无“志愿”性质。④

其四，近代西方公益思想

近代西方学者关于公益问题的研究主要体现在社会契约论者、功利主义者和古典自由主义的观点之中。洛克等社会契约论者认为组建国家和政府的目的就是为了维护全体国民的公共利益，保护其私有财产神圣不可侵犯。卢梭在洛克的基础上进一步说明，只有在资产阶级民主共和国中，一切行动目标都是以公共利益为归宿，公共利益只有在资产阶级的民主共和

---

① Dauton, M.（ed.）, 1996. Charity, Self－interest and Welfare in the English Past. New York ; St. Martin.

② Cavallo , S. , 1995. Charity and Power in Early Modern Italy: Benefactors and Their Motives in Turin, 1541－1789. Cambridge Univ. Press.

③ Safley, T. M. , charity and Economy in the Orphanages of Eairly Modern Augsburg. Atlantic Highlands, N. J. : Humanities.

④ 秦晖. 从传统民间公益组织到现代“第三部门”——中西公益事业史比较的若干问题［OE/OL］. 2002 年 02 月 20 日 08：00 光明网.

国下才能得到充分的体现。① 功利主义者强调社会或集体利益，最大多数人的最大幸福是功利主义的基本原则。功利主义反对建立在形而上学基础上的公共利益推定，它所主张的公共利益更多地吸收经验主义的逻辑思路。功利主义认为所谓的公共利益或者公共的善就是减缓最大多数人的痛苦、增加最大多数人的幸福。而这种幸福超越了自由主义者所主张的个体效用，仅依赖于特殊自足个体的内心感觉，因为人的社会性具有共同的内容与精神实质。② 边沁的功利主义主张通过自由市场的方式促使社会生产的最大化，在此基础上通过平等分配来实现社会福利和公共利益的最大化。而随着西方国家资本原始积累的加剧，资本家通过暴力手段掠夺财富、榨取工人的剩余价值的变本加厉，社会矛盾日益尖锐，古典政治经济学的代表亚当·斯密、大卫·李嘉图等功利主义者从人性自私的假设出发，认为人的一切活动动机都是缘于人自身的利益和欲求，而人的这种主观为自己的利己行为，同时将产生客观为他人和社会的效果。也就是说，人的这种主观为自己，客观为他人的行为，在某种意义上说，往往在促进社会利益时更加有效。个人利益的充分实现是公益实现的必要条件，反之，如果没有个人利益的实现，公益的实现也将失去应有之保障。③ 密尔的自由主义功利主义在批判边沁粗鄙功利主义、强调他人和人类社会的幸福的基础上强化了个人基本权利的独立性和重要性。他认为只有这样才能塑造一个奋发向上、公共利益和社会福祉不断发展的积极社会。同时，密尔认为，对公共利益的追求未必损害个体的幸福。自由不是无边无际的，

---

① ［法］卢梭著．社会契约论［M］．何兆武等译，北京：商务印书馆，2003：24。

② ［美］约翰·菲茨帕特里克著．密尔的政治哲学［M］．万绍红译，北京：人民出版社，2014：2。

③ ［美］列奥·施特劳斯著．政治哲学史［M］．李天然译，石家庄：河北人民出版社，1993：748。

由少数人组成的代议制政府是实现公共利益与个人利益的最佳形式。①

进入近代化过程之后，西方传统共同体日趋解体，人们在摆脱了传统束缚、获得自由的同时，也失去了传统国家共同体所提供的公益保护。传统共同体的公益职能一部分由新兴的国家机器来承担，一部分则成了市场交易物而改由营利部门来提供，进而导致公益组织的慈善性也逐渐为商业性所取代了。19 世纪法国的传统社区互助协会在摆脱村社、行会、教会的色彩后也发展迅速，组织数量从 1852 年的 2488 个发展到 1902 年的 13673 个，会员由 23.9 万增至 207.4 万。但同时其慈善色彩也大为减退。到 1910 年，这类协会总预算收入达 6298 万法郎，然而其中只有 1189 万，即 18.8% 来自捐赠、遗产赠予及成员的自愿奉献；另有 1172 万（18.6%）来自政府资助，3936 万（62.5%）来自带有自惠性的入会费或会金——而这部分取之会员，用之会员的资金作为入会条件实际上是一种交易。②

其五，现代西方公益思想

对于西方历史上从传统公益向现代公益的演变，已有研究尚存多种表述，如 Weaver 的“从教会慈善向世俗控制转变”③，Barry and Jones 所倡导的“从父爱主义的福利形式向职业化管理与保险——融资体制过渡”④，Alvey 的从“救助个人的慈善”到“作为社会责任的慈善”和“作为道德责任的慈善”、最后到“福利国家中的慈善”的演变，以及从“近似原

---

① ［美］约翰·菲茨帕特里克著．密尔的政治哲学［M］．万绍红译，北京：人民出版社，2014：2。

② Barry, J. and Jones, C. (ed.), 1991. Medicine and Charity before the Welfare State. London: Routledge.

③ Weaver, W. 1967. U. S. Philanthropic Foundations, Their history, Structure, Management and Record. New York: Harper & Row.

④ Barry J. and Jones, C. (ed.), 1991. Medicine and Charity before the Welfare State. London: Routledge.

则”向“理性主义的福音主义”的发展①，等等。但从根本上讲，这种转变的本质在于“共同体失灵”所导致的对国家与对市场的二元崇拜。② 西方现代公益便是在此基础上形成，新自由主义、公共选择理论和社群主义分别对其做了详细论述。

首先，新自由主义公益思想。该理论流派是在批判吸收古典自由主义精神内核的基础上，提出权利具有其内在的社会性，是由他人或社会提供的某些利益或服务所构成的，权利受制于社会习俗和法律制度。新自由主义的典型代表——当代西方政治哲学家罗尔斯在《正义论》中提出：要建立一个可以保证平等公民自由的以宪法调节的社会结构。他的设想突破了原有的功利主义传统，超越了政治服从于国家的观念，树立了分配公平的理想。在此基础上，新自由主义奠定了政府干预和社会福利政策理论的基础。新自由主义的另一代表奥地利裔英籍政治思想家和经济学家哈耶克有针对利他主义者的观点：

人们把他人的福利的实现作为自身行为的根本目的，这是人的本性的表现，是人幸福的必要条件。以他人幸福为主要目的，这是人们合理性选择的一部分，并且常常也是人们渴望他人作出的选择。就这个含义来看，人们应该将家庭成员的幸福作为自身行为的主要目标。可是，人们也经常借助于与他人成为朋友，把朋友的目的作为自身的目的，借此表达对他人的赞赏和认同。③

哈耶克认为，普遍的利他主义立场毫无价值可言，因为所有人都难以

---

① Alvey , N. 1995. From Chantry to Oxfam：A Short History of Charity and Charity Legislation. London；British Association for Local History.

② 秦晖. 从传统民间公益组织到现代“第三部门”——中西公益事业史比较的若干问题［OE/OL］. 2002 年 02 月 20 日 08：00 光明网。

③ 李先敏编译. 哈耶克自由哲学［M］. 九州出版社，2011：337。

这样空洞的形式去关心他人。在他看来，自由社会的共同福利，或者公共利益的概念，决不可定义为所要达到的已知的特定结果的总和，而只能定义为一种抽象的秩序。作为一个整体，它不指向任何特定的具体目标，而是仅仅提供最佳渠道，使无论哪个成员都可以将自己的知识用于自己的目的。①

其次，社群主义。在批判功利主义理论之不足基础上产生的新自由主义，同样遭到其他理论流派的猛烈攻击与反驳，与新自由主义观点最为相左、对其评判最猛的是当代西方政治哲学流派中的社群主义（Communitarianism）。20 世纪 70 年代西方政治哲学的主题是新自由主义者的正义，80 年代则是社群主义者的社群（Community）。② 社群主义倡导“公益政治学”，桑德尔等社群主义代表普遍认为，新自由主义者倡导的权利优先于公共利益的主张是错误的，正确的观点是权利以及界定权利的正义原则都必须建立在普遍的公共利益之上，集体的、社会的公共利益优先于权利和正义原则。因为人是社会关系的产物，脱离了社会关系的人是抽象的。社群主义主张个人积极参与社会公共生活，认为社会提供的公共利益越多，个人获益的机会也就越多，受益程度也就越大。为确保个人在最大范围最大程度上受益，社群主义主张政府在保护、促进公民的公共利益上有所作为。

综上所述，随着西方公益事业的发展，公益理念由传统的社会共同体主导下的社会慈善福利理念，向新的以公民权利观、财富观、社会观为核心的现代公共理念发展。这一理念为本研究试图构建一个以政府为主体，全员参与，人人物质丰富、精神幸福的美好生活家园提供了理论借鉴。

---

① ［英］哈耶克著．哈耶克文选［M］．南京：江苏人民出版社，2007：346。

② 俞可平．当代西方社群主义及其公益政治学评析［J］．中国社会科学，1998（3）．

2. 关于我国公益发展脉络研究的分析

“公益”在汉语词汇体系中虽是一个新词，但并非我国近代之前没有公益事业存在，只是说法不一而已。

有研究表明，公益事业在我国历史上一直存在，并且至今不衰。《中国慈善事业史》从中国历史脉络出发，以渊源、古代、近代和当代四个部分，对中国从先秦到当今的慈善事业进行了事实梳理与理论解释①，为后续研究提供了很好参考借鉴。亦有研究者根据我国公益活动主体的不同，并结合我国不同历史时期特定的社会政治背景，将我国公益组织归纳为“宗族公益”“寺院公益”“行会同乡公益”等组织形式。②

第一，宗族公益组织。这是我国史学家、社会学家、人类学家提及最多的传统公益组织形式，也是古代社会最为常见的公益组织。该公益组织以同姓宗族为利益共同体，开展“建祠修谱、挖塘开渠、联宗祭祖、架桥修路”等社会公益活动。

第二，寺院公益组织。从社会公益角度来看，在我国历史上宗教寺院公益组织的作用比宗族公益组织更大。如佛教僧团组织在我国古代拥有很大势力，他们倡导“救苦济贫，普度众生”的理念在古代社会产生了重大影响。有研究表明，宋代的寺院已经成为社会上最有规模及组织的民间慈善公益团体，他们为社会提供种种福利产品，试图建立一个“幼有所养、病有所医、饥有所食、老有所归、死有所葬，行者得桥道而行，渴者得甘泉而饮”的美好社会。③

---

① 周秋光，曾桂林．中国慈善简史［M］．北京：人民出版社，2006：108。

② 秦晖．从传统民间公益组织到现代“第三部门”——中西公益事业史比较的若干问题［OE/OL］．2002 年 02 月 20 日 08：00 光明网。

③ 张志义．宋代东南地区佛教寺院与地方慈善公益事业研究［D］．香港中文大学博士学位论文．

第三，行会同乡公益组织。这是我国过去较为常见的民间互助团体组织。这些公益组织往往以师门、乡情为纽带，以“抱团取暖”为目的，共同维护本行、同乡的最大利益。

对于清末民国时期我国公益思想的研究，大都认为这一时期的公益思想是以中国传统的大同主义和西方的互助学说为基础，相互融合的结果。这段时期由于君主没有能力捍卫自己的统治使之免遭私人利益集团的侵害，中央政府本身在支配和规定公共利益范围时所能起的作用便受到了不可挽救的损害。① 这一时期的研究成果不多，研究领域也较狭窄，主要是对荒政史和救济史的研究、对从事公益事业的个体人物与组织的研究及对公益事业传统到现代的嬗变的研究。对公益事业理念的研究，也属于公益事业历史的研究领域，它只不过是从思想史的角度，对公益事业的理念变迁做出思想梳理。

此外，另有研究者根据文献梳理，将我国公益研究概括为“三大类别”和“两大领域”，即对公益事业发展实践过程的探讨、公益事业的理论研究和关于网络时代公益事业的现状与学术理论研究②。

从上述梳理中不难看出我国传统公益研究主要侧重于对具体公益慈善组织实体、公益慈善事业以及公益慈善产业的研究，而对于哲学意义上的公益理论的研究处于相对缺乏的状态。③

---

① ［美］费正清编．剑桥中国晚晴史（上卷）［M］．北京：中国社会科学出版社，1993：98。

② 宋道雷，郝宇青．从传统公益研究到网络公益研究的变迁［J］．社会科学，2014（2）．

③ 宋道雷，郝宇青．从传统公益研究到网络公益研究的变迁［J］．社会科学，2014（2）．

（三）关于学前教育公益属性及实现现状的分析

1. 关于学前教育公益属性研究的分析

国内学者关于学前教育的本质属性问题尚存争议，如有的学者认为教育性是学前教育的本质属性，也有学者认为社会性是学前教育的本质属性；但也有学者从我国学前教育法规文件对学前教育的性质、功能与定位的规定入手，针对学前教育实施中存在的问题，参照义务教育发展思路，认为基础性和公益性应是学前教育的本质属性。这是国内相关文献中，笔者所见到的最为宏观的学前教育性质方面的研究。该研究的基本思路颇有启发意义。

依据上述论述，有学者进一步阐述学前教育不仅是人生发展的奠基教育、是基础教育的基础，对义务教育的质量改进、国民素质提升和社会发展具有重要的奠基性作用，而且学前教育是主要的民生工程，其公益性日益为人们所认识。① 莎莉等以法国为例，从保障学前教育地位，发挥学前教育优势视角，进一步明确学前教育的性质为奠基性和公益性。②

此外，亦有研究者依据公共产品理论，认为学前教育基本符合准公共产品的三个基本特征，即受益的非排他性、效用的不可分性和消费的非竞争性，将学前教育定性为以公益性为根本属性的准公共产品。③

上述研究为进一步明确学前教育性质——基础性和公益性，具有很好的参考、借鉴价值。

---

① 庞丽娟．加快推进《学前教育法》立法进程［J］．教育研究，2011（8）．

② 莎莉，庞丽娟．明确学前教育性质，切实保障学前教育地位——法国免费学前教育法律研究及其对我国的启示［J］．学前教育研究，2010（9）．

③ 张宪冰．论学前教育的公益性与政府责任［J］．东北师范大学（哲学社会科学版），2012（5）．

2. 对学前教育公益性实现现状研究的分析

自20世纪末学前教育管理体制改革实施以来，学前教育在市场化的过程中，因公益性不足所引发的一系列问题备受学界关注。有研究表明，学前教育是整个教育体系中公益性最强、社会受益面最广的一项公益事业。它对幼儿身心发展、妇女解放及社会稳定等诸多方面都具有很大的效益。在现实中存在的一系列问题，其根源是学前教育的教育性和公益性两个基本特性没有得到保证。① 因此，由于学前教育公益性的不足所引发的一系列突出的问题和矛盾都需要在《国家中长期教育改革中发展规划纲要》等政策法规的制定中得到充分重视，通过健全相关法律法规、完善相应管理制度来确保学前教育的公益性得到实现。②

另有学者基于对我国当前许多地方学前教育产业化、民营化的现状分析，认为学前教育引入民营资本、政府相关政策缺失是我国现行学前教育公益性荡然无存的主要原因。③ 学前教育公益性的弱化加剧了教育的不公平。

也有研究从“尊重教育”的理念出发，分析当前我国学前教育中存在的主要问题时指出，“学前教育是以公益性为根本属性的准公共产品”，作为一项重要的社会公益事业，政府、社会和公众是学前教育的利益主体，政府应在学前教育发展中发挥作用，承担学前教育发展的主要责任，保障学前教育的公益性和公平性。④ 从上述学者的研究中不难看出，当前我国学前教育改革与发展中存在政府责任缺位、管理错位、忽视学前教育公益

---

① 刘占兰. 学前教育必须保持教育性和公益性［J］. 教育研究，2009（5）.

② 刘占兰. 学前教育必须保持教育性和公益性［J］. 教育研究，2009（5）.

③ 孙瑞灼. 学前教育改革须坚持公益性［J］. 时评，2009（1）.

④ 姚伟，吴琼，张宪冰. “尊重的教育”理念下我国学前教育改革与发展的问题与对策［J］. 东北师大学报，2009（3）.

性的现象，可见政府对学前教育办学行为很大程度上影响着学前教育的发展。

（四）关于学前教育公益性实现路径研究的分析

如何有效维护学前教育公益性是一个全世界普遍关注的课题。目前国内外针对学前教育公益性实现路径研究的学者不是很多，相关文献资料更为缺乏。根据散见在各类文献资料中的观点，研究者将相关研究者针对学前教育公益性实现路径的观点提炼为以下方面，现述评如下。

1. 国外学前教育公益性实现路径研究分析

有研究表明美英等西方发达国家对学前教育行使职责最为突出的表现在于对学前教育的巨额资金投入上。美、英两国学前教育财政投入有三种共同的方式，即政府对学前教育机构进行财政投入、政府对大型学前教育项目直接进行财政投入、政府通过“教育券”和税费抵扣等方式补助学前儿童的家庭。较为灵活和多元的学前教育财政投入方式扩大了两国财政投入的受益面，也保障了其财政投入的有效性。①

在英国，中央和地方各级政府一直都高度重视学前教育事业的发展，曾先后出台了一系列相关法律法规，如 1998 年的《国家儿童保育战略》、2004 年的《每个孩子都重要：为了孩子的变化》和《家长的选择，儿童最好的开端：儿童保育十年战略》、2006 年的《儿童保育法》和 2007 年《儿童计划》等，这些法律法规的相继出台，进一步明确了学前教育发展的目标、方针和规划，同时，也进一步地明确了各级政府学前教育的工作机制和职责划分。中央和地方政府关系的调整，使其相互配合更加密切，各自的优势得到充分发挥。

① 霍力岩，余海军，郑艳．美、英学前教育财政投入主要方式初探［J］．外国教育研究，2012（6）．

近年来，为适应新的形势的发展与需要，英国政府对学前教育管理体制进行了大刀阔斧的改革。一方面强化中央政府对学前教育事业发展的领导与管理职能，另一方面凸显地方当局在儿童教育和保育中的地位与责任①。

为学前教育发展提供足够的物质保障，充裕的财政投入，是衡量英国政府对学前教育重视程度的重要标志。英国政府对学前教育进行财政资助的渠道多元、途径多样，包括拨款、贷款、担保等②。英国政府学前教育经费投入的一个显著特征是偏向困难群体，保障学前教育的公平。政府每年都要拿出大笔资金来扶持贫困地区儿童、残疾儿童，保障弱势幼儿平等的教育权益，确保每一个儿童都获得早期教育，从而促进每个儿童的良好发展。

在福利资本主义世界中，瑞典被誉为社会民主主义福利国家的典型代表。有研究表明，在 20 世纪 80 年代以前瑞典一直都保持着世界上最高的社会福利发展水平，“高福利”成为了瑞典的标签。③ 瑞典是世界上教育投入比重最高的国家，学前教育作为国民教育的基础，自然得到历届政府的高度重视，瑞典儿童从学前到大学均享受免费义务教育，学生在校的一切费用，包括午餐和文具都是免费的。瑞典国家不能容忍国家与市场、工人阶级和中产阶级的二元化结构。因此它通过实施一系列以“普享、统一、高标准”为特征的社会福利政策，使社会各阶层都被容纳进统一的社

① 庞丽娟，刘小蕊．英国学前教育管理体制改革政策及其立法［J］．学前教育研究，2008（1）．

② 沙莉，庞丽娟，刘小蕊．英国学前教育立法保障政府职责的背景与特点研究［J］．教育科学，2008（2）．

③ Esping – Andersen. The Three Worlds of Welfare Capitalism. Cambridge：Polity Press，1990：2.

会福利体系中，从而在最大限度上实现了社会团结和公平。① 此外，国家还给有孩子家庭每月 1050 瑞典克朗（相当于人民币 819 元）的生活补贴。② 亦有研究者认为从 20 世纪 90 年代以来瑞典福利国家遭遇了前所未有的危机。在危机中高标准的社会福利制度所带来的负面效应也开始显现，高福利反而逐渐成为社会经济发展的制约因素。严重的经济、政治和社会综合危机开始动摇瑞典福利国家存在的基础。③

上述西方发达国家在提升学前教育公益性方面所积累的丰富经验及成功做法，对于本研究构建我国学前教育公益性实现路径具有很好参考价值和借鉴意义。而亚洲的人口大国印度和我国同属发展中国家，在地理位置、人口状况、经济发展水平、文化背景等方面具有许多相似之处，其在发展学前教育上职责明确、管理机制完善、制度健全、经费充足等成功经验更加值得我们引起高度重视。

印度政府对学前教育的管理逐渐趋向中央集权化，中央政府除了通过制定相关法律法规保护儿童合法权益之外，还要与地方政府通力合作，共同对学前教育的发展负有重大的责任。比如印度的妇女儿童发展部作为印度学前教育的主管部门，在机构设置和职责划分方面都负有明确的职责。印度中央政府要为所有儿童采取一切措施来提供让儿童生存、生长和发展的保护性环境，从而让每一个儿童都能够认识到自己与生俱来的潜质，并成长为健康的有生产能力的公民④。

---

① Esping - Andersen. The Three Worlds of Welfare Capitalism. Cambridge: Polity Press, 1990: 3.

② Ambriel. 瑞典的儿童教育. https: //m. douban. com/note.

③ 陈维佳. 瑞典福利国家改革研究［D］. 华中师范大学博士论文，2011：P17.

④ Bhawan , S. . Working group on development of children for the eleventh five year plan (2007 - 2012) - A report . New Delhi : Ministry of Women on Child Development . 2006.

在印度，儿童早期保育与教育服务主要是政府的职责，故在经费投入上采用的是政府投入为主、其他渠道投入并重的模式。印度儿童综合发展服务项目是印度受益范围和受益群体最为广泛的学前教育形式，由中央政府统一规划、统一预算，由各省市政府组织实施并提供营养补充方面的经费与资源，其余全部经费均由印度政府财政支付①。

探讨英美等西方发达国家和印度学前教育职责的完善、发展历程及特点对于促进我国学前教育公益性提升意义非同一般，与此同时，也为本研究公益性实现路径的设计等提供了充分的事实依据和材料佐证。

2. 国内学前教育公益性实现路径研究分析

目前国内针对学前教育公益性实现路径研究的学者不是很多，相关文献资料更为缺乏。现将具有代表性的观点述评如下：

有研究者在分析我国学前教育公益性实现状况时指出，公益产品主要是由政府主导提供的，由政府投资提供免费的学前教育是学前教育公益性实现的最佳的选择。因此，政府对学前教育的投入状况就成为衡量学前教育公益性程度的核心指标，财政性教育经费的多少直接影响学前教育公益性的实现程度。② 刘永和的研究表明，南京市政府从 2011 年秋开始全面实施“幼儿助学券”政策，为适龄儿童每人每年发放 2000 元助学券，增强学前教育的公益性，保障适龄幼儿享有接受良好幼儿教育的权利。该政策向着学前教育公益性、普惠性、科学性方向迈进了一大步。③ 南京市政府通过给适龄幼儿家庭补贴的方式履行政府发展学前教育的责任。虽然该举

---

① Government of India , Department of Women and Child Development . [2010 - 7 - 16] . http://wcd. nic. in/.

② 杨卫安，邬志辉 . 我国学前教育公益性程度实现状况分析 [J] . 广西社会科学，2013 (12) .

③ 刘永和 . 幼儿助学券：不断增强学前教育公益性 [J] . 人民教育，2012 (11) .

措在昂贵的学前收费面前这点补贴是杯水车薪，但在一定程度上减轻了适龄幼儿家庭的负担。

另有研究者通过对北京市两区政府委托办园实践模式的分析，发现政府委托办园不仅可以实现“公益性”“普惠性”的目标，还可以实现“优质、特色”的目标。因制度缺失、办学环境复杂等原因，文章特强调相关制度的完善、各项政策的落实，以此促进学前教育公益性和普惠性。①

上述研究是从学理上探求学前教育公益性实现之路径，同时，也有研究者根据一线实践经验总结、分析公益性实现途径。如有研究者根据湖北省保康县现有条件，以落实《保康县学前教育三年行动计划》为契机，试图以体制改革、机制创新为动力，以扩大容量改善条件为重点，积极探寻学前教育公益性实现路径。孙代文实现学前教育公益性的具体举措包括“整合人力资源、聚集发展动力、创新投入机制、拓宽融资渠道、提高教师素养、规范办园行为”等方面。②

有研究表明，提供免费学前教育是保障市民社会福利和彰显学前教育公益性的重要方式和手段。③ 该研究认为我国澳门特区是一个通过免费学前教育政策保障学前教育公益性的典型案例。澳门于 1995 年开始在属于学前教育阶段的小学预备班实施免费的学前教育政策，并于 2005 年开始实施三年免费学前教育政策。免费范围由最初的免“学费”逐步拓展到“补充服务费以及报名、就读、证书”等有关的其他费用，实现了从倾向性免费教育到全面免费教育的过渡。更为重要的是学前教育免费津贴标准由 1995

---

① 丁秀棠．北京两区政府委托办园实践的模式分析与思考［J］．学前教育研究，2013（10）．

② 孙代文．创新发展机制，确保学前教育的公益性和普惠性［J］．人民教育，2012（15－16）．

③ 夏倩，韩小雨，庞丽娟．推行免费学前教育，保障学前教育公益性——澳门免费学前教育政策研究［J］．学前教育研究，2010（9）．

年的每班每年26.1万澳元提升到2007年的40万澳元，实现了免费津贴标准的逐年增加，而且针对困难群体的特别津补贴标准得到不断提高和津补贴受益面逐年得到拓展。上述举措，一方面充分反映了澳门政府维护学前教育公益性、保障学前儿童平等受教育权利的决心；另一方面澳门地区之所以在回归祖国之后能采取上述举措与中央财政的大力支持是分不开的，其经验能否照搬到经济发展水平参差不齐、人口基数巨大的大陆地区，值得慎重考虑。

国内的以上相关文献提供了大量实证的材料，虽不是专门针对学前教育公益性实现路径方面的研究，但是他们的研究成果在国内产生较大影响，很多建议已通过实践证明是切实可行的。但这些研究对于目前学前教育领域公益性日渐弱化的问题，特别是对于如何合理设计公益性实现路径问题涉及不多，且研究设计不够缜密，方法比较单一，研究深度和科学性多有欠缺。

（五）对学前教育评价体系的研究

自20世纪80年代中后期以来，我国学前教育评价工作备受关注，学界对评价问题进行了多层面、多视角的研究，具体体现在以下方面。

1. 对学前教育评价体系内容的分析

国内学者刘彤、蒲汝玲、赵敏、马娥等对我国1985—2009年这二十多年间学前教育评价的内容等情况作了比较全面的统计和分析，并提出了相关的改进对策与建议。

刘彤等通过对《学前教育研究》等期刊文献的梳理，发现自1985年以来关于学前教育评价研究的内容主要集中在“评价理论与方法”“托幼机构及环境评价”“国外及我国港台地区成果译介研究”等六个领域。①六大领域的评价研究呈现“内容更加微观、具体；领域更加宽泛、周全；体系更加健全等”的发展态势。

同时，也有学者的研究表明我国学前教育评价内容方面的研究中尚存在以下方面的不足：

（1）缺少宏观的评价研究。马娥的研究表明，我国学前教育评价研究中缺乏宏观的评价研究，如关于学前教育改革的科学性、学前教育理论水平和科研水平、学前教育管理人员和组织机构设置的合理性等方面的研究几乎是一片空白。②

（2）评价指标体系构建方面的研究少。蒲汝玲通过对评价内容的归纳与总结，在肯定我国学前教育评价研究成绩的基础上，认为我国学前教育评价研究呈现以下方面的特点：注重理论研究，忽视实证研究；评价内容方面的研究多，评价指标体系构建的研究少。③

客观地说，专注于具体而微观的研究对于一个学科的发展与研究者自身的成长来说是十分重要的，但是如果只埋身其中，则难免会因为缺少对研究大背景的认知而将研究本身推向相对孤立、片面的境地，更为致命的是，这种情况将会导致研究者无法客观地确立其所热衷的研究工作的坐标。④

---

① 刘彤．1985 年来我国学前教育评价研究综述——一种期刊文献的视角［J］．早期教育，2008（7－8）：8－9.

② 马娥．近 20 年国内学前教育评价研究文献综述［J］．延安职业技术学院学报，2009（6）：9.

③ 蒲汝玲．近十年我国学前教育评价研究文献综述［J］．中华女子学院学报，2009（8）：66.

④ 刘晶波．“我国学前教育研究状况分析与评价（1996—2006）”课题的设计与实施［J］．学前教育研究，2007（9）：3.

2. 对学前教育评价方法的研究

在我国学前教育评价的早期阶段，评价者主要是用实验设计的方法和对收集来的资料进行统计分析来进行评价，方法显得单一，不够全面。① 随着我国教育改革的不断深化，在新教育理念的推动下，一些学者开始撰文探讨评价方法的多样化。例如，杨晓萍、柴赛飞的《质性评定方法对我国学前教育评价的启示》一文，认为质性评定方法对我国学前教育评价研究评价主体多元、功能多元等四个方面的启示作用。②

再如，在评价方法制定研究中，王坚红撰有《学前教育评价的一般步骤》《如何确定评价指标体系》《怎样制定评价方案》和《学前教育评价的基本方法》等文，探讨了评价体系和方法的制定。③ 此外，冯晓霞总结了我国幼儿园教育评价的发展历程，着重陈述了建构发展性教育评价的原则与方法。④ 白爱宝的《教育评价简介》，介绍了教育评价的含义、范围类别、评价原则及方法等。

上述文献资料展示了我国学前教育评价方法研究的概貌，为本研究评价方法的选定提供了参照依据。

3. 对学前教育评价体系构建的研究

目前国内针对学前教育评价体系构建的研究不是很多，相关文献资料更为缺乏。

---

① 马娥．近20年国内学前教育评价研究文献综述［J］．延安职业技术学院学报，2009（6）：8.

② 杨晓萍，柴赛飞．质性评定方法对我国学前教育评价的启示［J］．理论建设，2004（3）：16.

③ 刘彤．1985年来我国学前教育评价研究综述—— 一种期刊文献的视角［J］．早期教育，2008（7－8）：8.

④ 冯晓霞．多元智能理论与幼儿园教育评价改革——发展性教育评价的理念［J］．学前教育研究，2003（9）：5.

较早针对幼儿园评价体系构建研究的是赵寄石，他在1988年发表的《谈谈幼儿园教育评价》一文中，重点探讨如何制定我国幼儿园教育质量的评价体系。而涉及幼儿发展评价指标体系构建的文章，主要有高美娇与王黎敏的《幼儿发展评价指标体系的构建与实施》和《幼儿发展评价与教育整合的实践探索》等，他们的文章均结合某园的具体情况来介绍，因而具有较强的针对性和说服力，但由此也引发学者对其评价体系可信度的质疑。

上述研究虽不是专门针对学前教育公益性评价方面的研究，但是他们的研究成果在国内产生较大影响，对本人设计学前教育公益性评价指标体系具有借鉴意义。

国内的以上相关文献提供了大量实证的材料，很多建议已通过实践证明是切实可行的。但这些研究对于目前学前教育领域公益性日渐弱化的问题，特别是对于如何合理建构公益性评价指标体系问题涉及不多，且研究设计不够缜密，方法比较单一，研究深度和科学性多有欠缺。

上述研究构成了本研究的基础，并进一步激发了笔者研究学前教育公益性评价体系的兴趣和信心。

4. 国外学前教育评价相关研究述评

学前教育相关领域的国际对比研究是本人完成该项研究的重要方法。因此，有关国外学前教育基本属性的评判和学前教育评价体系构建的相关信息显得十分重要。与国内相比，国外关于学前教育公益性和学前教育评价体系构建的研究相对丰富一些，其内容包括如下几个方面。

（1）对学前教育评价的发展历程的研究

一般来讲，西方学前教育评价的发展经历了从测验到评价的发展过程，现已趋于成熟。1905年，法国心理学家比奈提出了他的第一个智力量表，这可以被看作是学前教育测验的开端。①② 随后学前教育评价工作逐步兴起，20 世纪 50 年代以后学前教育评价工作受到了西方各国的普遍重视。到了 60 年代，学前教育评价工作以美国为中心大面积展开。有学者认为西方学前教育评价呈现以下特点：

①在评价的目的上，强调促进学前教育的发展；②在评价的过程上，重视自评方法的运用；③在评价的方法上，重视定性与定量的结合；④在评价的内容上，重视立体评价和全面评价；⑤在对待评价结果的问题上，重视全面的解释与慎重的处理。

探讨西方学前教育评价的发展历程及特点对于促进刚刚起步的我国学前教育评价工作有着极其重要的意义，同时，也为本研究的论证提供了事实依据和分析材料。

（2）以 OECD 评价体系为代表的学前教育指标体系研究

2001 年国际经合组织教育委员会（OECDEC）的“幼儿教育和保育政策的主题评价小组”，在对 12 个成员国家和地区的学前教育展开广泛调查的基础上，发表了《强劲的开始：幼儿教育和保育》一文，呼吁各成员国政府建立共享的学前教育指标数据库。2006 年出版的《强劲的开始Ⅱ：幼儿教育和保育》更加明确地提出：“为了实现一个有据可依的决策过程，政府管理者需要组织进行幼儿教育和保育领域的数据收集工作，同时每年重点突出收集幼儿教育和保育领域政策中的重要领域，例

---

① Shavelson, Richard J., McDonnell, L. & J. Oakes (1991). Steps in Designing an Indicator System. Practical Assessment, Research & Evaluation, 2 (12), http://PARE on line. net/getvn.

② 霍力岩．西方学前教育评价的发展历程及当代特点［J］．学前教育研究，1995 (3)：58.

如公共教育经费的总量和分配；儿童社会经济地位等等情况。”① 在OECD等重大影响力的国际组织的影响和相关教育项目的大力推动下，加上各国的积极参与和配合，最终形成了具有世界重大影响力的OECD教育评价指标体系。

OECD教育评价指标体系以人力资本理论作为理论基础，将市场经济的供需模型运用于教育，又以教育评估中CIPP模式（背景评价context evaluation/输入评价input evaluation/过程评价process evaluation/输出评价product evaluation）为框架，进行了从微观到宏观、从简单到复杂的投入产出的教育指标体系。② 霍力岩、李敏谊等学者认为，这些指标建立在严密的理论基础之上，有一定的理论分析价值，而且具有很强的描述功能，指标统计口径国际一致，具有可比性，通用性强。最重要的是，CIPP模式强调了投入和产出的效能，突出了价值取向。

虽说OECD、CIPP教育评价模式主要适用于西方发达国家，但对于经济快速发展的中国东部地区来说，十分具有参考价值，特别是上述教育指标体系和评价模式中针对学前教育的内容对于本研究具有很好的借鉴意义。

总体而言，国外有关学前教育评价指标体系的信息，以资料为多，实证研究性的文献较少。而且这些研究性的文献中对某个国家的学前教育公益性评价指标体系构建的整体分析尚不多见。

综上所述，近年来学前教育公益性问题备受学界关注这是不可否认的

---

① OECD（2006）. Starting Strong Ⅱ：Early Childhood Education and Care. Paris：OECD：176.

② 李敏谊，霍力岩. 国际学前教育指标体系建设的新趋势［J］. 比较教育研究，2009（12）：70.

事实，上述研究为问题的解决也提供了一些较好的思路借鉴。然而，一个更不应忽视、也不可忽视的问题，即如何有效实现学前教育公益性的问题远远还没有得到解决。究其原因，从上述研究不难发现，现有研究主要集中在描述学前教育公益性弱化的现象描述、政府应如何履行学前教育公益职能、政府应怎样加强学前教育公益性等方面。研究者们对于学前教育公益性问题研究中最为核心的问题——何谓学前教育公益性、学前教育公益性有何特征、学前教育公益性和基础教育公益性有何本质区别等一系列重要问题，都没有界定、阐述清楚。也有研究者介绍了他国成功经验，也试图复制他国经验，但是忽视中国特定国情、不从实际出发的生搬硬套之做法显示难见成效。

如此研究现状对于何谓学前教育公益性及如何从学理上研讨学前教育公益性等问题缺乏应有的解释力，对于改进现实问题更是显得苍白无力；对于那些套用基础教育公益性概念或照搬他人概念的所谓研究更是不值一提。基于如此研究现状，研究者深刻感受到加强学前教育公益性评价指标体系构建研究不仅十分必要，而且十分迫切。

第五节 研究的思路方法

一、研究的思路

研究遵循“调查—验—构建”的研究思路，包括“选择研究问题→进入研究现场→抽样→收集资料→分析资料→调查访谈→形成结论→反思→构建→验证”等环节。

首先，对关于学前教育公益性相关理论及方法研究的进展和成果进行梳理和评价；其次，对宁波市学前教育发展中具有代表性的区县（如北仑、江北、奉化等）进行广泛而深入的调查研究，分析导致学前教育公益性遭受质疑的原因；再次，提出本研究的理论分析框架；最后，依据该理论框架对相关数据进行定量和定性分析，构建学前教育公益性评价指标体系。(具体见图 1－1)

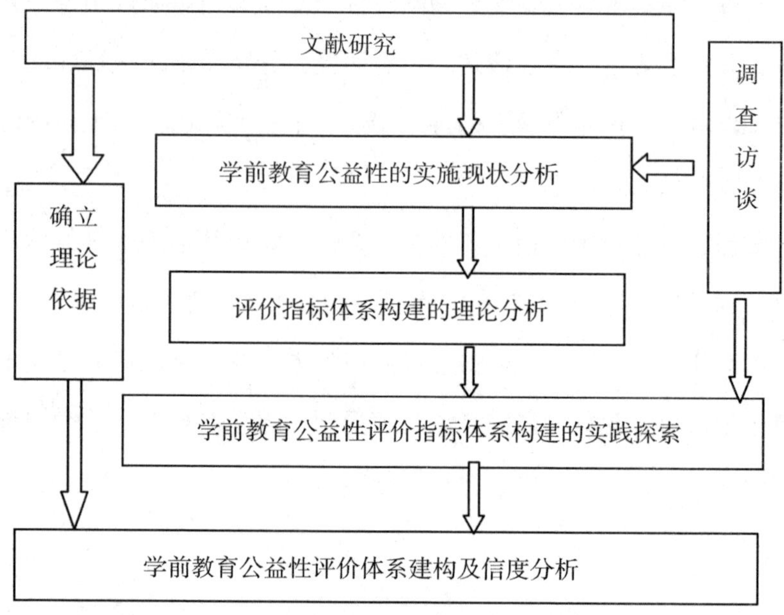

图 1－1　研究思路图

二、研究的方法

本论文在研究中主要采用了文献法、比较法、统计分析法、问卷调查法、访谈法和案例分析法等研究方法。各种实证方法涉及的样本和数据现分析如下。

（一）文献法

除了查阅国内外学前教育方面的文献资料外，笔者还查阅了教育管理学、教育统计学、教育政策学和教育财政学等学科的相关文献。主要以教育管理学、教育财政学、基础教育政策学和教育统计学等为学科背景。

（二）比较法

在对国内外大量的文献和实证资料的处理中，比较法是本论文研究使用最多的方法之一。在结构性比较方面，从时间维度分析，包括对宁波市不同时期的学前教育财政政策和财政投入进行纵向比较；从空间维度分析，包括对该市不同区县的学前教育财政政策投入、管理政策和公益性提升状况进行横向对比；在内容比较方面，含有学前教育财政投入等硬性指标比较、学前教育管理等软性投入指标的比较、学前教育本体产出和功能产出指标的比较等。

（三）统计分析法

本论文以量的研究方法为主，实证研究占有相当的分量，因而包含大量的数据统计分析。涉及的数据包括宁波市教育财政投入、学前教育发展规模和速度、学前教育资源配置等方面。所有的数据均真实可靠。

本论文研究中所有的统计数据分析采用 SPSS 系统（版本为 11.5）和层次分析法（AHP）进行分析处理。

（四）问卷调查法

为了研究的需要，本论文研究设计的调查问卷包括《学前教育行政管理人员调查问卷》《幼儿园园长调查问卷》和《幼儿家长调查问卷》三种。

为了解学前教育行政管理人员、幼教专家、幼儿园园长和幼儿家长对学前教育公益性发展状况的意见，搜集学前教育政府投入和管理的实践经验，理解各方的利益分歧和考虑问题的不同角度，本研究发放《学前教育行政管理人员和幼教专家调查问卷》30 份，《幼儿园园长调查问卷》100 份和《幼儿家长调查问卷》200 份。样本的来源和区域分布见表 1－1、表 1－2、表 1－3。

表 1－1　行政人员和专家调查问卷样本单位类型

	市、区县教育局	高校	研究机构	幼儿园	合计
数量	16	5	3	6	30
%	53.3	16.7	10	20	100.0

表 1－2　家长调查问卷的幼儿园层次分布

	六星级	五星级	四星级	三星级	二星级	一星级	普通	无证	合计
数量	5	10	35	30	30	30	35	25	200
%	2.5	5	17.5	15	15	15	17.5	12.5	100

表 1－3　园长调查问卷的地区分布

	江北	慈溪	余姚	奉化	镇海	北仑	海曙	江东	象山	宁海	鄞州	合计
数量	15	25	5	5	15	10	5	5	5	5	5	100
%	15	25	5	5	15	10	5	5	5	5	5	100

（五）座谈法和访谈法

为真正深入了解学前教育行政管理人员、幼教专家和幼儿园园长对我国学前教育公益性评价体系状况的看法和态度，提出符合实际的学前教育公益性评价指标体系，本论文设计了访谈和座谈的结构性问题提纲。

这是对上述三种调查问卷的有力补充，为本研究提供了更为充分的实例论证。

访谈结果表明，不同类型幼儿园园长的立场观点差异很大，如公办和集体办幼儿园的园长普遍认为政府在资金投入、质量监管、政策引导等方面力度很大，而民办等幼儿园园长则认为政府的作用发挥不足。可见，园长们倾向于从自身的利益出发做出选择，很难做到价值中立，因此必须展开广泛、深入的调研。

学前教育专家的观点和立场较为中立，但是他们的认识较为理想化，且一些专家对学前教育相关政策关注不多。因此，访谈选取的专家相对较少。

分管学前教育的行政负责人身处教育一线，最熟悉我国学前教育管理体制，对政府在学前教育发展上的举措亦十分清楚，他们能把握当地学前教育发展的全局，提出的建议往往最为中肯，切合实际。因此在访谈取样时，该样本取样最多。

参与访谈的样本具体情况见表1－4。

表1－4 访谈人员成分表

	学前行政负责人	幼教专家	园长	合计
数量	22	5	13	40
%	55	12.5	32.5	100.0

（六）案例分析法

采用案例等微观分析对以宏观研究为主的本论文研究而言，也是不可或缺的研究方法。为进一步验证本研究所建立的学前教育公益性评价指标体系的合理性和可操作性，本研究选取宁波市2006年和2009年学前教育相关数据进行纵向对比研究，然后再对宁波市具有代表性的北仑区、江北区和慈溪 2009 年的数据进行横向对比分析，进一步验证所建评价指标体系的可信性。案例的选取使本研究的论证更具说服力。

第二章

学前教育公益性现状调查及原因分析

随着免费义务教育的全面普及，宁波市基础教育取得了长足发展，但作为基础教育中的基础的学前教育依然是该市教育体系中的最大短板，其公益性发展缺乏保障，社会普遍对学前教育公益性表示不同程度的质疑。究竟是哪些因素导致学前教育公益性遭受质疑？弄清这些问题将为本文评价指标的设置提供有力支撑，使本研究构建的评价指标体系更加客观、科学，具有针对性和可操作性。

第一节　现状调查

在国际社会日益重视学前教育，各国着力发展学前教育，加大对学前教育的财政投入和管理力度以突显其公益性之际，宁波市各级政府亦采取了一些或正欲采取一些积极的行动。早在 2007 年，宁波市政府出台了《关于加快学前教育改革和发展的若干意见》等政策，各级政府紧密围绕“有房、有钱、有人、有质量”的“四有”工作思路和“均衡、优质、多元”的战略目标，在人、财、物、质量等方面加大保障力度，在较大程度上促进了该市学前教育的发展。但学前教育仍然是该市教育发展中的最短一板①，其发展面临着以下亟待解决的问题。

一、“上园难，上好园更难”

截至2009年年底，该市共有学前教育机构1280所，其中公办幼儿园仅103所，且87%的公办幼儿园集中在城区，广大农村孩子根本无法就近就读公办幼儿园。

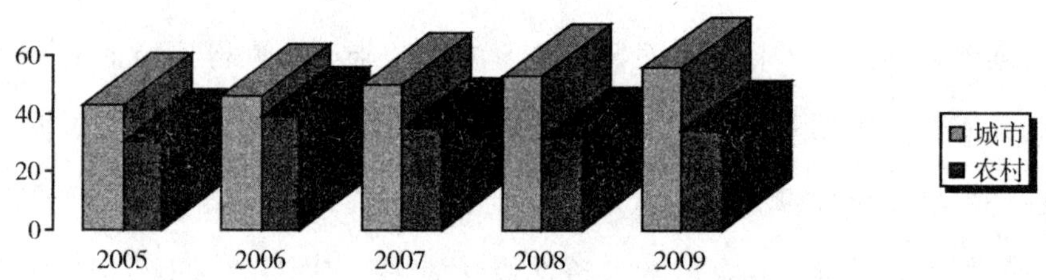

图2－1 2005—2009年宁波市城乡学前教育机构发展走势

数据来源：宁波市教育局基教处内部资料。

调查结果表明，宁波市江北区目前仍有1772名幼儿在农村无等级幼儿园就读，占该区幼儿总数的20%。奉化区118所幼儿园中的45所至今仍无证经营，比例高达38%，其中大多数分布在农村地区。2009年全市省一级幼儿园仅44所，在园幼儿19952人，仅占该市在园幼儿总数的8.8%（2009年全市在园儿童22.65万人）。目前该市特别是广大农村适龄幼儿仍然难以享受到优质、低价、公平的学前教育。

① 引自2009年9月10日，宁波市人大常委会副主任陈旭同志在市教育局关于学前教育工作会议上的讲话。

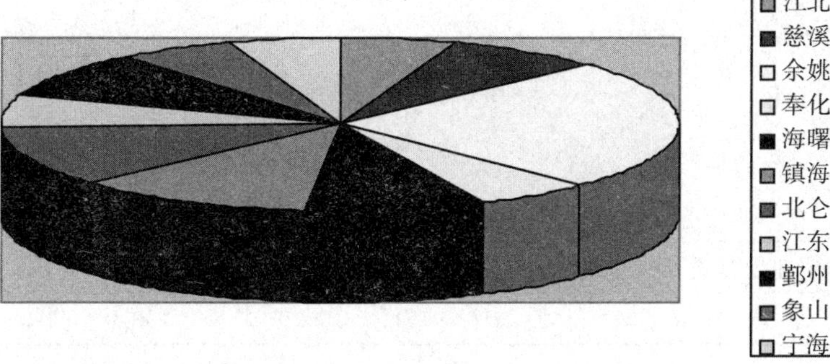

图2－2　2008年宁波市各区县学前教育机构分布情况

图表数据来源：属笔者调查统计所得。

学前教育中的入园机会不但在城乡和区域间存在较大差异，且园际教育资源和教育质量差距也很大，家庭经济困难儿童入园难成为该市突出的社会问题。

二、家长保育负担十分沉重

尽管目前宁波市各区县都基本上设立了幼儿教育专项经费，但与基础教育其他阶段相比较，公共财政对幼儿教育投入数量仍然偏低，幼儿家长承担了每人每年3000～15000元不等的保育费。

调查问卷统计结果进一步说明了这一点，具体见表2－1。

表 2-1 办园经费来源

		Frequency	Percent	Valid Percent	Cumulative Percent
Valid	政府投入	7	7.2	7.2	7.2
	学生学费	70	72.2	72.2	79.4
	企业投资或私人投资	20	20.6	20.6	100.0
	Total	97	100.0	100.0	

此外，另一项调查结果表明：2009 年宁波市某四星级幼儿园一个中班幼儿的保幼费大约是 6000 元，2010 年该园的保幼费还在涨。而该园 68% 的幼儿家长不是工薪阶层，该园家长中以当地农民和单位保安、食堂等工勤人员居多。该园一个孩子一年的保幼费约占一个保安年毛收入的 30% ~ 35%，约占“家家乐超市”收银员年收入的 60%。近年来月收费 1000 多元的幼儿园在宁波占相当比例。① 昂贵的学前保幼费使广大年轻家长不堪负荷，苦不堪言。

三、学前教育发展资金紧缺，优质教育资源分配不公

1. 发展资金紧缺。尽管宁波市的教育综合竞争力在浙江 10 城市中排名第二，但在教育资金指标上排名第六。其中最值得引起注意的是，教育资金投入的结构问题较为突出，排名全省末位。②

① 数据来源：http：//www.msn.ynet.com/jushou.jsp？eid =64309408 2010 -4 -28.

② 倪鹏飞．中国城市教育竞争力比较——探寻宁波方位［M］．北京：社会科学文献出版社，2009：4.

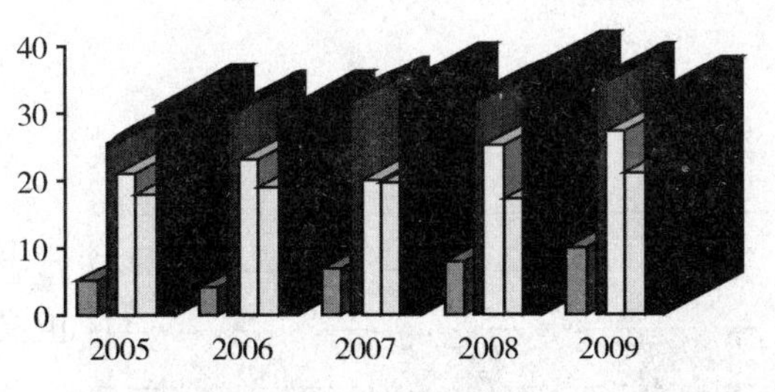

图 2－3　2005—2009 年宁波市各阶段教育教育经费投入分布情况

数据来源：宁波市教育局网站。

目前宁波市学前教育阶段经费仍然十分紧缺。虽《关于加快学前教育改革和发展的若干意见》中明文规定 2010 年该市区、县（市）财政性学前教育经费占同级财政性教育经费的比例达到 5%，不举办高中段教育的区应达到 10%，但各区县所投经费与目标相差甚远，且所投经费主要集中在公办幼儿园教师的人头费和公办幼儿园基建项目上，财政投入对于民办幼儿园、欠发达地区学前教育机构的扶持力度明显不够，且缺乏明晰的补贴途径。近 10 年来，宁波市各级政府对学前教育的经费投入，只占教育经费总量的 1.2% ~1.3%，长期在低位徘徊，另外学前教育经费一直包括在中小学教育预算中，并没有单项列支；投入的方式也缺乏公平性、合理性。

2. 教育内部资金分配不均。目前该市占整个受教育人数 9.5% 的学前教育获得的教育经费仅占总教育经费的 1.3%。而且这有限的资金中有 70% 用于极少数示范幼儿园，城镇和农村普通公办幼儿园所获得的财政教育经费不足 30%，而占绝对主体地位的民办幼儿园长期享受不到政府的经费资助。2006 年，宁波市教育部门、机关、集体办的幼儿园人均享有公共财政经费分别是 3417.8 元、3161.8 元、1856.7 元，而民办幼儿园人均享

有公共财政经费仅 124.8 元（不包括无证幼儿园的幼儿）。①（见图 2－4）

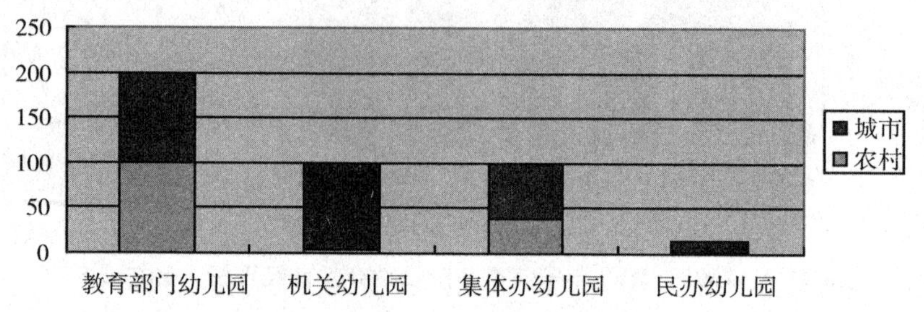

图 2－4 优质教育资源在各类幼儿园的分布

数据来源：张克勤．浙江省宁波市学前教育发展策略刍议［J］．教育研究，2009（9）。

更为不公平的是公办、民办学前教育机构待遇差异很大，该市有的地区还在按照企业标准向民办幼儿园收取营业税和企业所得税等。政府的这种“杀贫济富”资金投入政策导致好的公办园越办越好，逐步向高标准、豪华型发展，而薄弱幼儿园越办越薄弱，两极分化越来越严重。经费投入的不足与经费划拨的不合理使学前教育发展举步维艰，导致学前教育的公益性更加日益弱化。

3. 地域和城乡学前教育发展差距悬殊。由于经济基础等因素的影响，宁波城乡之间学前教育的发展差距很大。城乡差距巨大，教育质量存在“倒二八”现象，即尽管农村幼儿园注册数接近城市幼儿园的两倍，但城市幼儿园 80% 以上达到三星级，而农村仅 20% 的幼儿园达到三星级。江北区目前仍有 1772 名幼儿在农村无等级幼儿园就读，占该区幼儿总数的

① 张克勤．浙江省宁波市学前教育发展策略刍议［J］．教育研究，2009（9）．

20%。奉化区118所幼儿园中的45所至今仍无证经营，比例高达38%，其中大多数分布在农村地区。正因为农村幼儿园整体办园水平低，使得该市整体的园均规模、优质资源覆盖面、教师学历、职称、持证情况等关键性指数在省内只处于中等水平，部分指数甚至低于全省平均水平。在城市，尽管优质学前教育资源总量相对较多，但存在分布不均匀的现象。如海曙区40多个老小区因没有达到一定的规模，至今仍没有配套幼儿园。城乡差距悬殊的另一个表现为农村的幼儿不仅在受教育机会和年限上远不如城市的幼儿，而且他们所受的教育质量更是与城市无法相比，农村物质条件十分简陋、师资缺乏且素质低下。

城乡、地区之间学前教育发展差异较大，如何使每一位儿童都享有平等接受学前教育的权利，保障儿童在教育起点上的公平是衡量学前教育公益性不足与否的重要因素之一。

第二节　原因分析

一、相关负责人对学前教育的公益性缺乏正确认识

随着我国企事业单位改革的深入，从20世纪90年代开始宁波各地纷纷推行学前教育民营化和产业化，政府对学前教育管理职能迅速发生转变，计划体制下政府与学前教育机构之间的单一直线关系逐步演变为政府、学前教育机构和市场三者之间的三角互动关系。改革一方面使宁波学前教育的面貌发生了深刻变化，另一方面使学前教育的公益性问题引发很大争议。无论官方还是民间，都有不少人认为，学前教育社会化就是将学

前教育私有化，幼儿园以社会为依托，就再不需要政府的投资和扶持；以市场为导向，就再也不需要政府的管理和引导。有的地方政府正是以此为由，推脱和转嫁自身应负的财政责任，开始对幼儿教育撤资和减资，甚至变卖政府办的幼儿园生财减负，有的地方竟卖得一所不剩。这种状况严重困扰和影响了政府学前教育管理职能的发挥，必然导致学前教育公益性的丧失。

问卷抽样调查结果表明：该市各区县的学前教育管理负责人中对学前教育公益性概念不理解的约占16%，对学前教育公益性概念理解比较模糊不清的约占51%，认为学前教育不具有公益性的约占18%，能准确把握学前教育公益性的仅占15%。可见，学前教育管理相关负责人对学前教育公益性的认识不清、对学前教育发展缺乏前瞻意识，是导致目前学前教育公益性不足的重要因素。

二、学前教育的非营利性没有得到保证

由于政府对学前教育管理职能的缺失，加上历史和现实的原因，宁波目前大部分的幼儿园是民办幼儿园。宁波市民办幼儿园不同于西方国家的民办幼儿园，绝大部分的民办幼儿园系该市公民个人举办，宁波帮等民间社会组织创办的幼儿园很少，特别是属于非营利组织创办的幼儿园数量更少。这些民办幼儿园几乎都是按照市场模式经营，办学以营利为前提，在个人或团体的利益与社会、学生的利益发生冲突时，大多以牺牲社会和学生利益来保证自身利益不受损害。这也是学前教育公益性不断弱化的另一重要原因。

三、各级政府对学前教育的投入严重不足

对学前教育发展投入不足具体表现在以下三个方面：

第一，合格师资等人力资源投入不足。最新统计数据表明，该市专任学前教师仅12977人，占幼教职工总数的56%，其中具有幼教资格证书的仅8038人，占教职工总数的35%；具有事业编制专任幼师仅1564人，仅占专任幼师的12.1%；保健医师4308员，具有事业编制的保健员仅114员，约占保健师总数的2.6%。① 合格师资等人力资源投入的严重不足，导致园际、地域、城乡之间学前教育发展的不均衡，这一失衡则加剧了学前教育公益性的弱化。

第二，财力资源投入不足。自进入21世纪来，宁波市学前教育经费投入虽呈递增趋势，但是对于宁波这样一个人口基数大、外来适龄儿童大量涌入计划单列市来说，投入金额是远远不足的。从学前教育投资的外部比例来说，即学前教育投资在宁波国民经济有关指标中的比例，近十年中财政性幼儿教育经费占GDP的比例在0.03%～0.06%；从学前教育投资的内部比例来看，即学前教育投资在各类各级教育中的分配，从2000年到2008年，财政性幼儿教育经费在财政性教育经费中所占的份额一直维持在1.19%～1.22%，对于幼儿教育的在园人数和教职工人数来说，这一比例是相当小的。② 这些数据表明宁波市各级政府对学前教育的财政投入严重不足，而资金投入的不足是导致学前教育公益性不断弱化的根本原因。

第三，物力资源投入不足。这一不足从公办园所占比例中可以得到充分证明。调查结果显示，截至2009年年底，该市公办幼儿园仅220所，占全市幼儿园总数的17.7%（幼儿园总数为1294所）。

① 数据来源：见附录五（宁波市教育局基教处提供数据表三）。
② 宁波市教育局基教处何倩执笔.2009年宁波市学前教育发展调研报告（内部资料）。

四、学前教育公共服务体系尚未建立，补偿功能发挥不够

学前教育公益性不足的另一个重要影响因素在于政府学前教育公共服务体系尚未建立，学前教育的补偿功能发挥不够。

随着企事业单位改革的深入，一方面，原有的企事业单位逐步分离办园职能，脱离企事业单位的幼儿园性质归属不清，失去原有的资金来源，靠自收自支维持生存，处于自生自灭的状况。另一方面，近年来民办幼儿园异军突起，但由于政府的公共服务体系的缺失，造成一些民办幼儿园普遍实行高收费，只有少数高收入人群才能够承受，而有些民办幼儿园缺乏起码的办园条件和人员素质，无序发展，广大农村和城市低收入、家庭条件差的适龄儿童大多只能选择一些收费低、质量差的民办幼儿园。①

目前该市各级政府虽然采取了一些有关学前教育的补偿功能的政策措施，但是还缺乏具体的规划和行动，成效不大。加上公办幼儿园所占学前教育机构比例太小，尚不具有补偿功能。这种以政府、社会干预补偿学前家庭教育的缺失，必将造成学前教育公益性的弱化，甚至可能引发越来越多的社会不良问题。

五、学前教育及其公益性缺乏制度保证

目前我国仍无全国性的学前教育相关法律，宁波市更是缺少这方面的法律法规。宁波市现在最高层次的学前教育专门法规是国务院 1989 年 9 月 11 日颁布的《幼儿园管理条例》，法律规范的效力较弱。在《中华人民共

---

① 庞丽娟. 中国教育改革 30 年学前教育卷［M］. 北京：北京师范大学出版社，2009：48.

和国教育法》所规定的四个独立学段中，只有学前教育段没有专门法律。①学前教育相关管理制度、法律法规的缺失，很大程度上导致了政府在学前教育管理上的缺位、失位、错位等不良现象的发生。

以上关于宁波市学前教育公益性现状调查结果为本研究评价指标的选取、权重的设置提供了强有力的实证依据。

---

① 庞丽娟，韦彦．学前教育立法—— 一个重大而现实的课题［J］．学前教育研究，2001（1）：5－8.

第三章

学前教育公益性评价指标体系构建的理论基础

学前教育公益性现状调查结果凸显了构建学前教育公益性评价指标体系的必要性和紧迫性，而学前教育公益性评价指标体系的构建需要相关理论作为支撑，需要遵循科学的原则，需要选取相应的评价体系构建方法。因此，本章着重探讨学前教育公益性评价指标体系的构建原则、构建依据和评价方法的选取。

第一节　评价体系构建的原则

构建学前教育公益性评价指标体系需要遵循一系列原则，除了教育评价理论中的一些一般性的原则之外，还要着重考虑遵循以下六大原则。

一、层次性与结构性的原则

学前教育公益性评价指标体系是一个复杂的系统，要想全面反映区域学前教育公益性发展状态，又要避免指标之间的重叠性，应根据系统的内在逻辑结构分出层次，使指标体系结构清楚，便于使用，然后根据结构的需要，把指标体系划分为若干个子系统，每个子系统下又有多个指标，如此逐层细化，越基层的指标门类越细越具体，越高层的指标综合程度越高，达到各系统既相互独立、又相互联系的要求。

二、全面性与概括性原则

学前教育公益性的概念具有深刻而丰富的内涵，这就要求描述和刻画学前教育公益性概念的指标体系既要具有足够的涵盖面，又要把握关键要素，但不可能面面俱到。在子系统划分、子系统目标的决定以及各个目标之下选取的三个环节，都应该尽可能全面而概括地反映学前教育公益性内涵的各个侧面，对于主要内容不应有所遗漏。

三、代表性与简洁性原则

应选取代表性较强的典型指标，尽可能以最少的指标包含最多的信息，避免选入意义相近、重复、关联性过强的或具有导出关系的指标，力求使指标体系简洁易用。学前教育公益性评价涉及的领域非常广泛，在研究工作的实践中，为了全面涵盖学前教育发展的各个侧面，往往导致指标体系规模膨胀，大量信息重叠指标的引入，不仅冲淡了所要表达的主题，也给信息收集和实际操作带来许多困难。所以应尽可能兼顾二者，取得一个适当的平衡。

四、相关性与整体性原则

学前教育公益性是一个由多个内在联系的要素构成的有机整体。因此在构建教育竞争力指标体系时，除了力求全面描述子系统中不同主题之外，还注意反映不同子系统之间、相同子系统中不同主题之间的相互联系，从而有助于对学前教育公益性评价进行整体性把握。

五、可得性与可操作性原则

指标是统计理论和实践操作的结合点。构建学前教育公益性指标体系既要以理论分析为基础，又必须考虑统计实践的可操性和现实数据资料的可支持性。尤其是在现阶段，学前教育公益性评价指标体系尚处于研究阶段，在相关统计信息还相当缺乏的情况下，可得性和可操作性原则往往是指标体系研究的最大制约因素，因此构建指标体系时应力求所选指标含义清晰，并有一定的现实统计数据作为基础。

六、公平性与可行性原则

该原则表现为广泛征求各学前教育行政主管部门、学前教育机构和其他利益相关者的意见，使指标、权重在有利于各区域学前教育持续、健康发展同时能为各地区所接受，使构建的评价指标体系成为各地区努力发展的方向和激励因素。这就要求设置学前教育公益性评价指标时既要广泛征求合理意见，同时又要结合各区域学前教育发展的现实特点和各区域经济承受能力，使得本评价指标体系更切实可行。

贯彻这个原则应该做到以下方面：

第一，在同一范围内，对公、民办学前教育机构必须使用同一标准，而不能使用不同的标准，或对民办学前教育机构采取歧视性的标准。

第二，如果评价标准在短期内未作改动，那么对同类评价对象的评价标准应保持一致性。

第三，评价指标、标准、权数和分值的确定以及评定级别和打分时要合情合理。

第四，注意增加评价活动的透明度，在活动过程中坚持群众性和民主性。

第二节　评价体系构建的依据

学前教育公益性评价指标体系的构建必须遵循和体现学前教育发展规律，遵循国家相关的法律法规，还要体现各区域的实际情况，从而使学前教育公益性评价做到科学、规范，使评价结果可信、有效。

一、理论依据

（一）学前教育产品属性理论

早在 1987 年我国《国务院办公厅转发国家教委等部门关于〈明确学前教育事业领导管理职责分工的请示〉的通知》（国办发〔1987〕69 号）中已明确指出："学前教育既是教育事业的一个重要组成部分，又具有福利事业的性质。"学前教育事业是"一项社会公共福利事业"。

如果把学前教育、小学、中学、大学四级教育按照公共性划分，学前教育应是各级教育中公共性最强、社会收益面最广的一种准公共产品。一些有关教育成本与效益的研究显示：教育阶段越低，教育的社会贡献率就越高，社会和国家从中获益就越多。① 学前教育具有很强的服务性和福利性。学前教育是向终身学习的第一笔投资，是为满足每个家庭更加广泛的

① 蔡迎旗．幼儿教育财政投入与政策［M］．北京：教育科学出版社，2007：80.

经济及社会需要的一项意义远大的政策援助。① 如前所述，学前教育对孩子家庭、幼儿所在社区、社会和国家都有明显的经济和社会益处。② 政府作为公众的代表和最大受益者理应承担提供公共产品服务的义务。而最能体现政府履行提供公共产品服务职能的衡量指标便是政府的学前教育财政支出。因此，政府必须对学前教育给予财政上的政策倾斜、加大资金投入和加强规范管理，力求使学前教育这种准公共产品的社会福利最大化。

（二）政府学前教育管理职能理论

从上述“学前教育产品属性理论”中我们知道，学前教育作为一种准公共产品，对整个社会的发展具有十分深远的影响和意义，政府对支持和投资学前教育具有义不容辞的责任，促进学前教育的发展是政府基本教育管理职能。③

政府学前教育管理职能是指政府在学前教育事业发展中所扮演的角色以及应起到的作用。政府在不同的时期职能履行情况具有不同的特点。计划经济体制下的政府角色是全能政府，实行中央集权式管理体制，通过行政手段实现对全国教育事业包括学前教育事业发展的计划、组织和调控。市场经济体制下，政府在学前教育事业发展中的职能逐渐调整为主要从事教育体系构建、教育条件保障、教育服务提供、教育公平维护、教育标准制定和教育质量监管等方面，以提升学前教育的公益性，促进教育公平和提高教育效率。

各级政府在强化学前教育管理职能时，应突显“公平与效率”的双重

① 谢维和. 教育政策分析 1999 [M]. OECD 教育政策分析译丛. 北京：教育科学出版社，2002：25.

② 蔡迎旗. 幼儿教育财政投入与政策 [M]. 北京：教育科学出版社，2007：81.

③ 张春霞. 政府履行职责是幼教事业发展的基本保证 [M]. 学前教育研究，2007 (1)：11.

要求，并加大力度。在学前教育体系构建方面，重点强调教育结构，促进学前教育类型多样化和城乡教育一体化的进程；在学前教育条件保障方面，需要建立现代公共财政制度和教育人力资源开发制度；在教育服务提供方面，强化服务理念，扩大服务范围；在学前教育公平的维护方面，政府应保证每一位适龄儿童都享有平等受教育机会的同时，致力于为每一位适龄儿童提供质量大致相当的义务教育。①

对政府学前教育管理职能的分析，不仅在于为各区域政府发展学前教育找到履职的理论依据，而且为本研究评价指标的合理设置找到了理论支持。

二、政策与法律法规依据

（一）国家学前教育相关政策与法律法规依据

学前教育政策是政府为实施和发展学前教育事业而制定的行为准则，是实施学前教育行动的出发点以及行动的过程和归宿。② 学前教育政策对学前教育的发展至关重要，既直接影响宏观学前教育事业的方向、速度、规模和效益，也间接影响微观学前教育活动的质量和效益。它既规定了学前教育发展的目标，又是学前教育发展的促进手段。学前教育政策具有系统性、目的性和灵活性等特点。

学前教育法规是国家教育行政机关所制定的关于学前教育的规范性文件总体。③ 它是一定的国家教育行政机关依照法定程序制定的，旨在调整

① 褚宏启．教育公平与教育效率：教育改革与发展的双重目标［J］．教育研究，2008（6）．

② 杨莉君主编．学前教育政策法规概论［M］．长沙：湖南师范大学出版社，2008：25.

③ 张念宏．中国教育大百科全书［Z］．北京：海洋出版社，1991：832.

相关国家行政部门在行使其学前教育行政权力和公民在行使受教育权利的教育活动中所发生的各种社会关系的法律规范体系的总称。①

学前教育政策、法律法规对学前教育公益性评价体系构建的作用体现在：一是学前教育政策、法规对管理、评估等评价具有客观性，它明确规定了哪些是可以做的，哪些是不可以做的，为评价提供了方向指引作用；二是提供了对区域政府学前教育管理者的教育行为进行评价的依据，也是本研究评价体系构建的制度保障。

（二）国家及宁波市学前教育相关政策法规

自新中国成立以来，教育部和宁波市政府先后出台和颁布了《幼儿园暂行规程》《关于明确幼儿教育事业领导管理职责分工的请示》《关于加强幼儿教育工作的意见》《幼儿教育指导纲要》《关于幼儿教育改革与发展的指导意见》《关于加快学前教育改革与发展的若干意见》等政策法规，对宁波市幼儿教育事业的发展提供了全面的指导性政策。

宁波市政府2007年颁布的《关于加快学前教育改革与发展的若干意见》是基于宁波市经济快速发展，义务教育、高中教育和高等教育取得很大进展，而学前教育发展相对滞后，成为宁波教育发展中的最大短板的背景下提出的，它指出了宁波市学前教育事业的发展形势，明确了学前教育改革与发展的目标与任务，完善了学前教育管理体制，强化了各级政府的相关职责。

（三）《国家中长期教育改革和发展规划纲要（2010—2020）》

在2010年7月颁布的《国家中长期教育改革和发展规划纲要》（以下简称《纲要》）中，学前教育受到了前所未有的重视，《纲要》勾勒出了

① 杨莉君主编．学前教育政策法规概论［M］．长沙：湖南师范大学出版社，2008：26.

学前教育发展的蓝图，进一步明确了学前教育理念，提出了近十年的发展目标：一是从 2012 年开始教育经费占 GDP 的 4%；二是到 2020 年全面普及学前一年教育，基本普及学前两年教育，有条件的地区普及学前三年教育。

《纲要》进一步明确了政府职责。把发展学前教育纳入城镇、新农村建设规划、建立政府主持、社会参与、公民办共举的办园体制。积极发展公办幼儿园，大力扶持民办幼儿园。实行成本合理分担机制，对家庭经济困难幼儿入园给予财政补助。建立幼儿园办园标准和入园收费标准。建立幼儿园准入和督导制度，加强学前教育管理、规范办学行为。依法落实幼儿教师地位和待遇，加强教师队伍建设。教育行政部门宏观指导和管理学前教育，相关部门履行各自职责，充分调动各方面力量发展学前教育。重点发展农村学前教育，努力提高农村学前教育普及程度，着力保证留守儿童入园。多种形式扩大农村学前教育资源，新建扩建托幼机构，在小学附设学前班，充分利用中小学布局调整的富余校舍和教师资源。支持贫困地区发展学前教育。

（四）《中华人民共和国民办教育促进法》

2003 年 9 月 1 日开始实施的《中华人民共和国民办教育促进法》，对民办学前教育事业的发展起到了很好的促进作用。

一方面，《中华人民共和国民办教育促进法》体现了政府对民办学前教育的重视与支持。如《中华人民共和国民办教育促进法》第三条规定："国家对民办教育实行积极鼓励、大力支持、正确引导、依法管理的方针。各级人民政府应当将民办教育事业纳入国民经济和社会发展规划。"这就明确规定了各级政府应对民办学前教育事业给予支持。《中华人民共和国民办教育促进法》实施后，各地各级政府都采取了相关措施。以浙江省为例，政府决定2005—2010年间每年拨款3000万元专款，作为浙江省民办教育发展专项资金，用于鼓励和资助民办教育发展。①

另一方面，《中华人民共和国民办教育促进法》开创了民办学前教育发展的新机制，为民办学前教育的发展提供了法律保障。该法律颁布后，许多地区先后颁布了相关政策法规，一视同仁地对待公民办教育，尝试建立公民办一体化的城乡幼教发展新机制，为幼教发展提供法律保障。这些制度中以定级评估制度和职称评定制度最为显著。

三、评价体系构建的方法

本书根据研究的需要选取层次分析法（简称AHP）等分析方法来筛选指标、确定权重。

（一）层次分析法对本研究的适应性

从理论上讲，层次分析法属于一般方案评价的范畴，它自然也适应于学前教育公益性评价体系构建研究。它对公益性评价体系构建的适应性体现在以下方面。

首先，AHP分析方法重视评价对象的参与性。该模式从对区域政府学前教育公益性发展目标选定到最终成果的评价，每个阶段都需要评价对象的参与，只有将各区域政府及各利益相关者作为评价主体参与到评价过程，才能使评价顺利推进。

其次，该模式重视评价对象的实际。这是由AHP分析方法开展评价的目的和过程决定的，无论是区域政府办学发展目标的评价还是成果的评价，如果脱离了地方区域实际，评价本身就失去了意义。这一点可以从AHP分析方法中得到证明。

---

① 丁碧英．浙江省发展民办幼儿园政策解析［J］．教育发展研究，2005（9）．

再次，AHP 分析方法重视过程性的评价。AHP 分析方法的第三个阶段是对学前教育公益性实施情况的评价。这种过程性的评价改变了目标行为模式只重考查目标达成度的情形，将教育活动过程纳入了评价的范围。

最后，AHP 分析方法重视改进和发展功能。AHP 分析方法具有明显共性的是诊断问题、谋求改进。其目的是要通过评价促使优质学前教育资源惠及全体适龄儿童，促进各地学前教育健康、快速发展，而不是为了简单比较和鉴别各地学前教育的优劣。即使成果评价，也只是代表了一个周期评价的结束，也更应着意于未来的发展。层次分析法（AHP）对改进和发展功能的彰显，正是学前教育公益性评价需要的。

（二）层次分析法（AHP）的基本原理

层次分析法（Anlytic Hierarchy Process，简称 AHP）是对一些较为复杂、模糊的问题做出决策的简易方法。它是美国运筹学家 T. L. Saaty 教授于 20 世纪 70 年代初期提出的一种简便、灵活而适用的多准则决策方法。① 目前已经成为构造统计权数的最有效方法之一，在能源系统分析、城市规划、经济管理评价等难以完全定量分析的问题领域应用十分广泛。

其主要特征是它能将定性与定量的决策合理地结合起来，按照思维、心理的规律把决策过程层次化、数量化。

（三）层次分析法（AHP）的操作步骤

运用层次分析法建构模型，研究和处理问题，大体上可按照下面四个步骤进行：

① 田新．基于 AHP 层次分析法的中小企业管理信息化模式构建［J］．中国管理信息化，2007（3）：35.

（一）建立递阶层次结构模型

这一步旨在把问题条理化、层次化，构造一个有层次的结构模型（具体见图3-1）。在这个模型下，复杂问题被分解为诸多元素，这些元素又按照其属性及关系形成若干层次（这些层次大致可以分为三大类）。上一层次对下一层次起支配作用。

①最高层（目标层）：是指分析问题的预定目标、要解决的问题。这一层次中只包含一个元素。

②中间层（准则层）：该层包含实现目标所需考虑的因素、决策的准则。它可由若干层次构成。

③最底层（指标层）：这一层包括为了实现决策目标可供选择的各种指标、备选方案等。

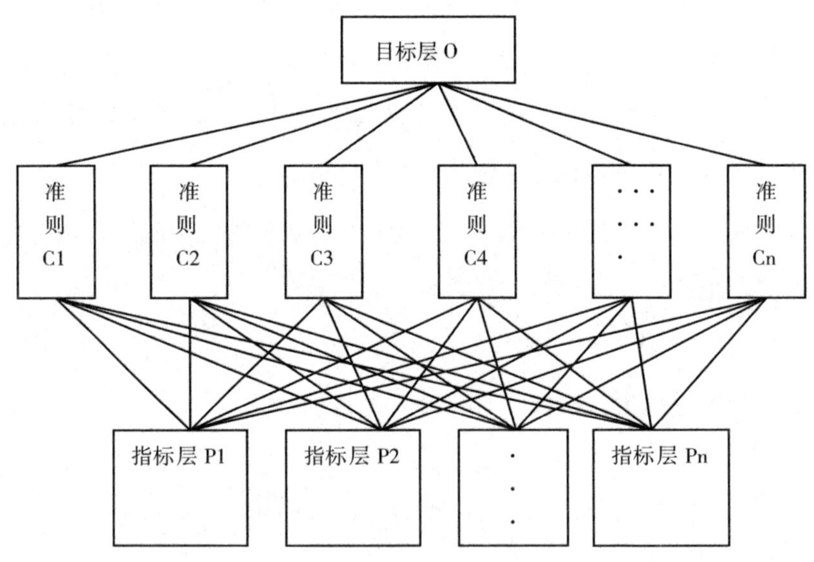

图3-1　递阶层次结构示意图

（二）构建成对比较（判断）矩阵

判断矩阵表示本层所有因素针对上一层某一个因素的相对重要性的比较。判断矩阵的元素 a_{ij}用 Saaty 的 1—9 标度方法给出。（具体见表 3 - 1）

表 3 - 1 Saaty 的 1—9 标度表

标度	含义
1	表示两个因素相比，具有同等重要性
3	表示两个因素相比，一个因素比另一个因素稍微重要
5	表示两个因素相比，一个因素比另一个因素明显重要
7	表示两个因素相比，一个因素比另一个因素强烈重要
9	表示两个因素相比，一个因素比另一个因素极端重要
2，4，6，8	上述两相邻判断的中值
倒数	因素 i 与 j 比较得判断值 a_{ij}，则因素 j 与 i 的判断值为 $1/a_{ij}$

假定一递阶层次结构中的某层有 n 个因素，x = {x1，x2，x3，…，xn} 要比较它们对上一层的影响程度，确定在该层中相对于某一因素的比重，即把几个因素对上一层的影响程度排序，即为构建判断矩阵。

用 a_{ij}表示第 i 个因素相对于第 j 个因素的比较结果，则有 $a_{ij} = 1/a_{ji}$

$$A = (a_{ij})_{n\times n} = \begin{Bmatrix} a_{11} & a_{12} & \cdots a_{1n} \\ a_{21} & a_{22} & \cdots a_{2n} \\ \cdots & \cdots & \cdots & \cdots \\ a_{n1} & a_{n2} & \cdots a_{nn} \end{Bmatrix}$$

A 称为成对比较矩阵，满足以下三个性质：①$a_{ij} > 0$；②$a_{ij} = 1/a_{ji}$，则称为正互反阵；③$a_{ij} = 1$。

（三）层次单排序及一致性检验

层次单排序是指确定下层次各个因素对上层某因素影响程度的过程，

权重确定过程。构造好判断矩阵后，还须依据判断矩阵计算针对某一准则层各元素的相对权重，并进行一致性检验。一般而言 CR（一致性比率）越小，则判断矩阵的一致性越好，通常认为 CR = CI/RI ≤ 0.1（CI 表示一致性指标，RI 表示由 Saaty 得出的随机一致性指标，具体见表 3－2）时，判断矩阵具有满意的一致性，可用归一化特征向量作为权向量，否则要重新构造成对比判断矩阵，对 A 加以调整。

对应于判断矩阵最大特征根 λmax 的特征向量，经归一化（使向量中各元素之和等于 1）后记为 W。一致矩阵的性质如下：

①$a_{ij} = 1/a_{ji}$，$a_{ij} = 1$（i，j = 1，2，…，n）；

②AT 也是一致矩阵；

③A 的各行成比例，则 rank（A）= 1；

④A 的最大特征根（值）为 = n，其 n－1 个根均等于 0；

⑤A 的任一列（行）都是对应于特征根 n 的特征向量。

表 3－2　Saaty 随机一致性指标（RI）数值对应表

N	1	2	3	4	5	6	7	8	9
RI	0	0	0.52	0.89	1.12	1.26	1.36	1.41	1.54

（四）层次总排序及一致性检验

确定某层所有因素对于总目标相对重要性的排序权值过程称为层次总排序。从最高层到最低层逐层进行。设：A 层 m 个因素 A1，A2，…，Am，对总目标 O 的排序为 a1，a2，a3，…，am。

B 层 n 个因素对上层 A 中因素为 Aj 的层次单排序为：

B1j，b2j，…，bnj（j = 1，2，…，m）

B 层的层次总排序为：即 B 层第 I 个因素对总目标的权值为：

$\sum ajbij$

第四章

学前教育公益性评价指标体系的构建

学前教育公益性评价指标体系是对区域学前教育公益性的保证和检验。合理的评价标准能科学有效地了解宁波市各区县学前教育发展的情况，促进各地方政府增强发展学前教育的责任，加快学前教育发展步伐，凸显学前教育的公益性。构建学前教育公益性评价指标体系是个系统、复杂的工程，需对各种要素进行综合考虑。科学合理的评价指标体系必定植根于宁波市当前当地实际，从该市地方财力的实际出发，将区域经济的发展、基础教育的发展与学前教育的发展需求有机统一起来，实现共同发展的三赢目标。本章在上述章节论述的基础上，按照评价指标体系构建的流程，依据层次分析法等相关理论，结合宁波市学前教育自身的特点，将具体探讨宁波市学前教育公益性评价指标体系的构建，并对所构建的指标体系做进一步的可信度论证。

第一节　框架设计

本研究在构建学前教育公益性评价指标体系时，一方面从宁波市各区县学前教育的实际出发，另一方面兼顾学前教育公益性指标的国际可比性，依据“投入与产出”模式，构建学前教育公益性评价指标体系。

学前教育投入的状况决定了学前教育发展的能力，体现了政府对一个区域、一级组织以及受教育的适龄儿童家长对学前教育的重视程度，是衡量学前教育公益性缺失与否的重要指标；学前教育产出结果体现了各级学前教育行政主管部门、学前教育机构与组织在一定时期内为受教育的适龄儿童提供的各种教育的机会、政府办学行为带来的学前教育质量、管理水平、教育公平和学前教育的深远影响力。

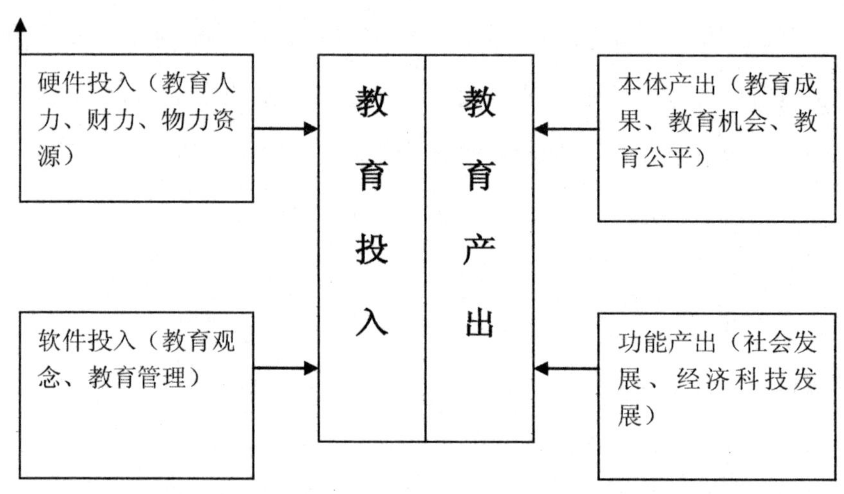

图 4－1　学前教育公益性评价指标体系框架设计图

第二节　指标筛选

本文在设计思路分析的基础上，遵循指标体系选择的完备性、针对性和数据可获得性等原则，通过问卷调查、专家评议、层次筛选，构建出一个较为完整的具有一定可操作性的反映学前教育公益发展状况的评价指标体系。具体指标筛选解释如下。

一、硬件投入指标类

政府学前教育投入是研究学前教育公益性的核心，各个区域学前教育的发展程度和发展速度与一个地区学前教育投入状况有着密切的关系。硬件投入包括师资等人力资源投入、财力资源投入和物力资源投入。

（一）师资等人力资源投入指标

这一部分包括学前教育师生比，幼师、保健医生学历合格率，具有幼教资格证书教师比例，园长教师职称评定率，事业编制教师比例 5 项评价指标。

1. 学前教育师生比

学前教育师生是指每个教师平均负担的学生数，它的比值一般采用国家规定的或国际通用的师生比标准来测量学前教育师生比的水平，通常国际上的标准为一名幼儿教师负责 10 名学生。① 这一指标从一个侧面说明政府在师资力量上的投入力度，各个区县政府投资于学前教育教师人力资源的规模，可以考察学前教育资源的使用效率情况。过高或过低的师生比都有损于学前教师提高劳动生产率，不利于提高学前教育资源的使用效率。

2. 幼师、保健医生学历合格率

幼师和保健医生的学历合格率是代表其接受正规教育的程度，是衡量他们能力和知识的标准之一。一般来说，学历层次高的人，其才干、学识应比较强、业务素质基础应该较好。学历合格率指标在很大程度上是间接

① 倪鹏飞．中国城市教育竞争力比较——探寻宁波方位［M］．北京：社会科学文献出版社，2009：42.

衡量一个地区学前教育公益性发展程度的重要指标。

3. 具有幼教资格证书教师比例

是否具有幼教资格证书、具有专业技术资格职称是衡量一所幼儿园、一个地区学前教育师资队伍素质水平高低的重要标准，同时，该项比例的大小也是反映某一地方政府对学前教育发展重视与否的重要指标。

4. 园长教师职称评定率

职称等级的高低直接反映出一个教师工资水平的高低，同时反映出政府对学前教育发展资金投入的多少。目前，学前教育领域园长教师职称评定率远远低于其他阶段的教师职称评定率。因此，该项指标也是反映政府对学前教育投入程度的重要指标。

5. 事业编制教师所占教师总数的比值

事业编制的有无、多少，一方面直接影响到一个地区教师队伍的稳定与否、办学水平的高低，另一方面反映政府在培养和提升学前师资队伍的重视程度。

（二）学前教育财力资源投入指标

在选取学前教育财力资源投入评价时，考虑到数据的获得、操作的便捷等因素，本研究特选取了生均财政性学前教育经费投入、学前教育专项教育经费投入、对民办幼儿园的资金扶持、对非事业编制教师工资的补贴和对贫困家庭幼儿的补贴五项评价子指标。

1. 生均财政性学前教育经费投入

此项指标反映的是财政性学前教育经费占同级财政性教育经费的比例，是对学前教育投入状况在国民经济中所占比例大小的衡量和资金利用效益高低的反映，是衡量学前教育公益性不足与否的重要指标。

2. 学前教育专项经费

学前教育专项经费是农村幼儿园建设、幼儿教师业务进修、特殊适龄儿童入园资助等公益性提升举措的重要资金保障，这指标将能很好地反映出地方政府对学前教育的重视程度。

3. 对民办幼儿园的资金扶持

学前教育作为一项具有正外部性的公益性事业，受教育者及其家庭从中受益外，社会和国家是更大的受益者，因而国家政府应该履行其相应的责任，在投入资金促进公办幼儿园发展的同时，更要加大对广大民办幼儿园的资金扶持力度，为学前教育的发展切实加大资金的投入。目前宁波市至少 85% 的幼儿就读于民办幼儿园。这项指标是反映政府资金投入是否惠及广大适龄幼儿的重要标准。

4. 政府公共财政对贫困适龄儿童的补贴

这是缩小适龄儿童起点差距、体现学前教育公平、凸显学前教育公益性的重要衡量标准。

5. 对非事业编制教师的工资补贴

非事业编制教师的工资待遇普遍比有编教师低，且医疗、社保、养老保险等全无保障。这是导致出现“天价幼儿园”和“薄弱幼儿园”的一个重要原因。一些优质私立幼儿园为了吸收优秀师资，采取自行增加教师工资、为教师办理“三金、四金或五金”等办法,① 这些开支便转化为办园成本，自然而然增加在学生的保育费上；那些薄弱幼儿园，则采取克扣教师工资、降低办学成本等无奈办法，以达争取生源、维持生存之目的。政府对非事业编制教师的工资补贴，显然有助于提高教师的工资待遇，有助

① “三金、四金或五金”是指养老保险、医疗保险、社会保险、意外伤害事故保险、住房公积金等社会福利。

于促进学前教育均衡、公平发展，有助于学前教育公益性的提升。

（三）学前教育物力资源投入指标

学前教育物力资源投入主要体现在设施设备投入等方面，它包括幼儿园的建筑面积达标率、幼儿活动场地达标率和保育设施达标率 3 项指标，这些指标也是衡量政府对学前教育投入的努力程度的重要标准。

二、学前教育软投入指标类

学前教育公益性评价的指标除了有形的考察指标外，还包括一些无形资产，考虑到其难以精确量化，我们把这些无法量化的无形资产称之为软件投入，主要包括学前教育政策、学前教育观念和学前教育管理三项指标。

（一）学前教育政策

从政策层面来考察区域政府为确保学前教育的公益性实施的各类学前教育政策的具体情况及其效果，以反映区域政府对学前教育公益性提升的态度和措施。具体来讲，从学前教育政策的可接受性、执行水平和能力、实施效果、群众的满意度、困难群体的救济举措等指标来衡量。

（二）学前教育观念

该项指标主要反映各区域政府对学前教育的重视程度和对学前教育公益性的理解等方面。

（三）学前教育管理

这一二级指标是从具体实践层面来考察该市政府把学前教育摆在什么位置上，对确保学前教育公益性的提升做出了什么部署和安排，以及在什么制度保障下来为学前教育公益性的提升提供良好的服务环境，是否最大程度解决和满足广大人民群众的最大关切和切身利益。① 具体包括各级政府的重视程度，是否有目的、有计划地发展学前教育事业，是否具有各种科学的学前教育制度、是否具有服务师生的意识和管理水平等，即对学前教育发展的政策支持、学前教育规划水平、教育服务水平和教育督导评估水平 4 项指标。

三、本体产出指标类

所谓产出是相对于学前教育投入而言。这里的“产出”不同于经济上的可以用货币来计量的物品，而是在一定的可利用的资源条件下形成的最终结果，包括本体产出和功能产出。本体产出包括学前教育成果、教育机会、学前教育均衡发展。

（一）学前教育成果

该项指标包括乡镇幼儿园“改、扩、建”标准化达标率、公办幼儿园增长比例、无证幼儿园的改造或取缔、省市等级示范幼儿园的覆盖率、定级幼儿园覆盖率等 6 项指标。

（二）学前教育机会

学前教育机会均等是最能体现学前教育公平、衡量学前教育公益性的重要指标之一。为了评价操作的便利，采用学前教育三年和一年净入学率进行衡量。

（三）学前教育均衡发展

该项指标侧重反映学前教育优质资源在城乡之间、地域之间、园所之间的均衡分配、协调发展。学前教育的均衡发展是评价学前教育公益性的

① 庞丽娟．加大力度发展学前教育：现代政府科学发展、亲民为民的重要举措［J］．学前教育，2008（3）：2.

重要举措之一。

四、功能产出指标类

功能产出包括学前教育影响力的扩大、市民对政府办学行为满意度的提高和政府办学成本分担的合理化等指标。这种结果对社会来说，它是总的劳动力的智力水平和素质的提高，间接地为国家和社会发展所作出的贡献和影响。

第三节 体系初建

虽然适合并能被广泛承认的通用的或标准型学前教育公益性评价指标体系是不存在的，但是本研究从学前教育公益性理论出发，通过对国际经合组织（OECD）以及国内不同层次的教育指标体系研究，我们不难发现确立学前教育公益性评价指标体系，还是有序可循的。

要想保持学前教育的公益性，保持学前教育这个系统的良性运转，就必须体现区域政府在发展学前教育过程中的管理职能，以及投入与产出的转化能力，即通过描述系统的协调状况，就可以评价出学前教育公益性的发展状况。因此我们遵循指标体系的设计原则，结合学前教育公益性的具体特征，将一级指标分解成多个二级领域，再将二级领域分解出具体的指标。依据这个大系统：一级子系统—二级领域—三级指标的层层分解的方法，初步设立出学前教育公益性评价的四级指标体系（如表4－1所示）。

表4-1 学前教育公益性评价指标框架

一级指标	二级指标	三级指标	四级指标
硬件投入	人力投入	学前教育师生比	
		学历合格率	学前教育教师、保健医生学历合格率
		具有幼教资格证书教师比例	
		园长职称评定率	
		事业编制人员比例	事业编制幼师比例
			事业编制保健医生比例
	财力投入	财政性学前教育经费投入	数量
		学前教育专项经费投入	占同级财政性教育经费的比例
		对民办园的资金扶持	
		对非事业编制教师收入的补贴	
		对贫困家庭幼儿的补贴	
	物力投入	园舍建筑达标率	
		幼儿活动场地达标率	
		保育设施达标率	
软件投入	教育观念	学前教育管理者对学前教育公益性的理解	
		学前教育主管部门重教意识	
		管理者对学前教育发展的前瞻意识	
	教育管理	区域政府学前教育规划水平	
		区域政府对学前教育的政策支持	
		区域政府学前教育服务水平	
		区域政府学前教育督导评价水平	

续表

一级指标	二级指标	三级指标	四级指标
本体产出	教育成果	乡镇中心幼儿园建园率	
		公办园增长率	
		民办幼儿园的改造	有证园办园层次的提升
			无证园的改造（取缔）
		示范园的覆盖率	省级示范园的覆盖率
			市级示范园的覆盖率
		已定级幼儿园覆盖率	
	教育机会	外来儿童入园情况	学前一年入学率
			学前三年入学率
	教育均衡发展	公民办之间、城乡之间、园与园之间幼儿园差距缩小情况	
功能产出	学前教育投入对社会的贡献	政府学前教育成本分担比例	
	教育投入对经济科技的影响	市民对学前教育发展的满意度	

值得进一步解释的是：①保健医师在学前教育系统也是一个较大群体，保健医师的学历合格率也是反映学前教育发展的重要因素，故增设了一个四级指标。②财力资源投入是学前教育发展的基础，是衡量学前教育公益性缺失与否的重要标准。在着重考虑突出该项指标的重要性的同时，本研究兼顾数据的可得性、运算的简洁性等因素，将财力投入指标分解成财政性学前教育经费投入（反映经费投入总量）、对民办幼儿园的扶持（反映政府对民办幼儿园教育的重视程度）、对非事业编制教师的工资补贴和对贫困适龄幼儿的经费补贴（反映政府对学前教育的努力程度）等四项

子指标。③“软投入”指标，目前在国内外教育评价指标体系中尚未有学者提及，但却是衡量学前教育公益性所必须考虑进去的重要因素。因此在三个二级指标基础上，新建了6个相应的三级指标。由于没有对应的计算方法获得精确的数据，对其进行的是定性评价，采用问卷的形式在北仑区、江北区、慈溪市等有代表性的区县对相关人员进行了调查，以提高该评价的信度。④在“本体产出”指标中，设置三个二级指标，即教育成果、教育机会和学前教育均衡发展。在这三个二级指标里，又细分出8个三级指标，包括乡镇中心园“改、扩、建”标准化达标率、公办幼儿园覆盖率、省市等级示范幼儿园覆盖率、无证幼儿园减少情况等。⑤在“功能产出”这项指标里，细分为包括体现学前教育对经济、社会发展贡献类与影响类的三级指标，反映学前教育公益性的提升情况。

第四节　权重设置

利用层次分析法设置各项指标的权重，应遵循以下步骤。

一、建立层次结构模型

建立层次结构模型是运用层次分析法构建学前教育公益性评价指标体系的关键所在，本研究从核心概念——学前教育公益性——入手，针对影响学前教育公益性提升的最大因素——政府投入部分——进行反复论证，参考“投入—产出”模型，并结合宁波市实际情况，设置出本研究“目标层”“准则层”和“指标层”（具体见下图4－2：层次结构模型图）。

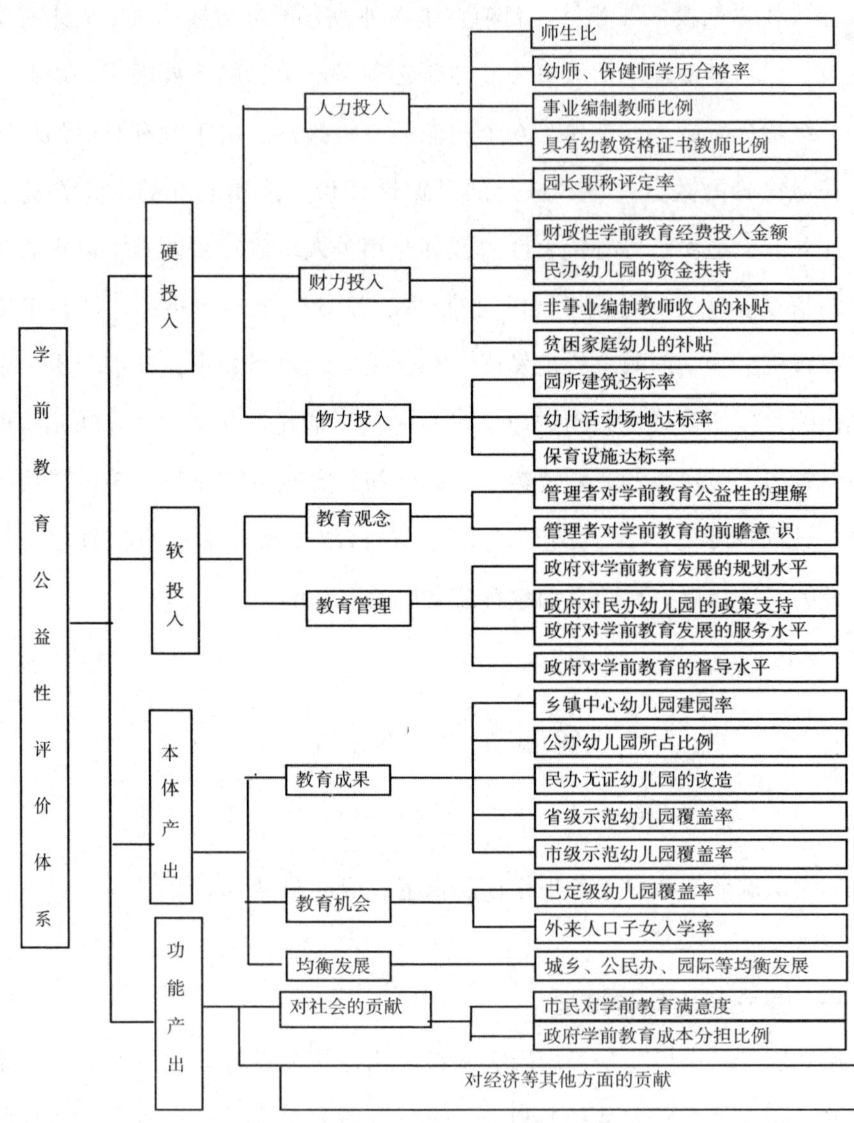

图 4-2 学前教育公益性评价层次结构模型图

二、构造成对比较矩阵

（一）准则层对目标层的判断矩阵

$$A=\begin{Bmatrix}1 & 5 & 9 & 9\\ 1/5 & 1 & 6 & 6\\ 1/9 & 1/6 & 1 & 2\\ 1/9 & 1/9 & 1/2 & 1\end{Bmatrix}$$

（二）指标层对准则层的判断矩阵

笔者依据 Saaty 等人采用对因子进行两两成对比较建立矩阵的方法，结合宁波市学前教育发展相关数据、专家意见和本人对此研究的认识，进行综合、平衡得出以下数据，由此构建相应判断矩阵。

$$A_1=\begin{Bmatrix}1 & 1/5 & 4\\ 5 & 1 & 8\\ 1/4 & 1/8 & 1\end{Bmatrix}$$

$$A_2=\begin{Bmatrix}1 & 1/3\\ 3 & 1\end{Bmatrix}$$

$$A_3=\begin{Bmatrix}1 & 1/4 & 3\\ 4 & 1 & 5\\ 1/3 & 1/5 & 1\end{Bmatrix}$$

$$A_4=\begin{Bmatrix}1 & 1/3\\ 3 & 1\end{Bmatrix}$$

$$A_5 = \left\{\begin{array}{lllll} 1 & 3 & 1/4 & 3 & 3 \\ 1/3 & 1 & 1/7 & 3 & 3 \\ 4 & 6 & 1 & 4 & 7 \\ 1/3 & 1/3 & 1/4 & 1/3 & \\ 1/3 & 1/3 & 1/7 & 1/3 & 1 \end{array}\right\}$$

$$A_6 = \left\{\begin{array}{llll} 1 & 4 & 5 & 4 \\ 1/4 & 1 & 3 & 3 \\ 1/5 & 1/3 & 1 & 1/3 \\ 1/4 & 1/3 & 3 & 1 \end{array}\right\}$$

$$A_7 = \left\{\begin{array}{ll} 1 & 4 \\ 1/4 & 1 \end{array}\right\}$$

$$A_8 = \left\{\begin{array}{llll} 1 & 1/3 & 1/3 & 1/2 \\ 3 & 1 & 1/2 & 3 \\ 3 & 2 & 1 & 5 \\ 2 & 1/3 & 1/5 & 1 \end{array}\right\}$$

$$A_9 = \left\{\begin{array}{lll} 1 & 1/4 & 3 \\ 4 & 1 & 5 \\ 1/3 & 1/5 & 1 \end{array}\right\}$$

$$A_{10} = \left\{\begin{array}{lll} 1 & 4 & 1/5 \\ 1/4 & 1 & 1/8 \\ 5 & 8 & 1 \end{array}\right\}$$

$$A_{11}=\left\{\begin{matrix}1 & 3 & 1/4 & 3 & 3\\ 1/3 & 1 & 1/7 & 3 & 3\\ 4 & 6 & 1 & 4 & 7\\ 1/3 & 1/3 & 1/4 & 1 & 3\\ 1/3 & 1/3 & 1/7 & 1/3 & 1\end{matrix}\right\}$$

$$A_{12}=\left\{\begin{matrix}1 & 1/5 & 1/4\\ 5 & 1 & 3\\ 4 & 1/3 & 1\end{matrix}\right\}$$

三、计算权向量并进行一致性检验

衡量判断矩阵质量的标准是矩阵中的判断是否具有一致性。本研究通过运用上述章节所述计算权重向量的方法进行计算，最后得到各个指标的权重向量。（计算详细过程见附录五。）

（一）准则层对目标层的判断矩阵

A：W = （0. 6527，0. 2383，0. 0638，0. 0451）^{T}，lambda {max} = 4. 2465，对总目标的权重为 1，判断矩阵一致性比例为 0. 0923。该判断矩阵通过一致性检验。

（二）指标层对准则层的判断矩阵

A_1：W_1 = （0. 1991，0. 7334，0. 0675）^{T}，lambda {max} 是 3. 0940，对总目标的权重为 0. 6527，硬投入判断矩阵一致性比例为 0. 0904。该矩阵具有满意的一致性。

A_2：W_2 = （0. 2500，0. 7500）^{T}，lambda {max} 为 2. 0000，对总目标的权重是 0. 2383，软投入判断矩阵一致性比例为 0。该判断矩阵通过一致性检验。

A_3：W_3 =（0.2255，0.6738，0.1007）^{T}，lambda {max}：3.0858，对总目标的权重：0.0638。本体产出判断矩阵一致性比例：0.0825。

A_4：W_4 =（0.2500，0.7500）^{T}，lambda {max}：2.0000，对总目标的权重：0.0451。功能产出判断矩阵一致性比例：0。

A_5：W_5 =（0.2102，0.1249，0.5274，0.0873，0.0503）^{T}，人力投入判断矩阵一致性比例：0.0939，对总目标的权重：0.1299，lambda {max}：5.4208。

A_6：W_6 =（0.5634，0.2307，0.0727，0.1332）^{T}，财力投入判断矩阵一致性比例：0.0943。对总目标的权重：0.4787。lambda {max}：4.2519。

A_7：W_7 =（0.2797，0.0936，0.6267）^{T}，教育观念判断矩阵一致性比例：0.0000。对总目标的权重：0.0596。lambda {max}：2.0000。

A_8：W_8 =（0.0994，0.2981，0.4789）^{T}，教育管理判断矩阵一致性比例：0.0581。对总目标的权重：0.1788。lambda {max}：4.1550。

A_9：W_9 =（0.2255，0.6739，0.1007）^{T}，教育机会判断矩阵一致性比例：0.0825。对总目标的权重：0.0144。lambda {max}：3.0858。

A_{10}：W_{10} =（0.1991，0.0675，0.7334）^{T}，均衡发展判断矩阵一致性比例：0.0904。对总目标的权重：0.0430。lambda {max}：3.0940。

A_{11}：W_{11} =（0.1939，0.0528，0.0729，0.4151，0.2653）^{T}，lambda {max}：5.3565。对总目标的权重：0.0403。教育成果判断矩阵一致性比例：0.0796。

A_{12}：W_{12} =（0.036，0.6267，0.2797）^{T}，lambda {max}：3.0858。对总目标的权重：0.0113。社会发展判断矩阵一致性比例为0.0825。

可见上述判断矩阵均通过一致性检验（其中 A_3、A_6、A_7 修正后通过检验），所得指标权重有效可用。

第五节　体系确定

经过上述步骤，由此得出确定权重后的宁波市学前教育公益性评价指标体系（具体见下表4－2）。

表4－2　确定权重后的评价指标体系

一级指标	二级指标	三级指标
硬件投入（0.6527）	人力投入（0.1991）——幼师和保健医生	学前教育师生比（0.0273）
		学前教育教师、保健医生学历合格率（0.0162）
		具有幼教资格证书教师比例（0.0113）
		园长职称评定率（0.0065）
		事业编制幼师比例（0.0685）
	财力投入（0.7334）	财政性学前教育经费投入（0.2697）
		对民办园的资金扶持（0.1104）
		对非事业编制教师收入的补贴（0.0348）
		对贫困家庭幼儿的补贴（0.0638）
	物力投入（0.0675）	园舍建筑达标率（0.0123）
		幼儿活动场地达标率（0.0041）
		保育设施达标率（0.0276）
软件投入（0.2383）	教育观念（0.2500）	学前教育管理者对学前教育公益性的理解（0.0477）
		管理者对学前教育发展的前瞻意识（0.0119）
	教育管理（0.7500）	区域政府学前教育规划水平（0.0192）
		区域政府对民办幼儿园的政策支持（0.0562）
		区域政府学前教育服务水平（0.0856）
		区域政府学前教育督导评价水平（0.0221）

续表

一级指标	二级指标	三级指标
本体产出(0.0638)	教育成果(0.1007)	乡镇中心幼儿园建园率（0.0107）
		公办园增长率（0.0167）
		民办幼儿园的取缔（0.0078）
		省示范园的覆盖率（0.0029）
		市级示范园的覆盖率（0.0021）
	教育机会(0.2255)	外来儿童入园入学率（0.0032）
	教育均衡发展(0.6738)	公民办之间、城乡之间、园与园之间幼儿园差距缩小情况（0.0214）
功能产出(0.0451)	学前教育投入对社会的贡献(1.0000)	政府学前教育成本分担比例（0.0386）
		市民对学前教育发展的满意度（0.0011）

第六节　信度分析

为了检验所构建的学前教育公益性评价指标体系的有效性和可信度，本研究再次对宁波市学前教育公益性发展状况的数据进行纵横交叉对比分析。

一、纵向对比

（一）样本选取

纵向对比以宁波市 2006 年和 2009 年的数据为分析对象，之所以选择

2006 年的数据，是因为 2006 年是宁波市学前教育发展的一个分水岭。2007 年该市针对学前教育发展现状出台了《学前教育改革若干意见》，翻开了该市学前教育发展的新篇章。2009 年的数据属最新统计，时效性强，最能佐证该市学前教育公益性发展状况。

（二）数据预处理及全权求和

对于所获该市学前教育公益性评价数据，本研究采用 SPSS 软件对数据进行预处理，然后运用无量纲法将不同性质、不同单位的评价指标转化为可比较的标准评价指标，再结合问卷调查、专家访谈等方式确定得出评价指标体系的各项指标值和在此基础上运用层次分析法计算出各个指标的权重，进行加权求和，得出宁波市 2006 年、2009 年学前教育公益性评价的得分。（具体见表 4－3、表 4－4、表 4－5、表 4－6。）

表 4－3 2009 年定量指标无量纲化加权指标计算结果

	标准值	实际值	转换比率	上限	下限	权重	无量纲指标值
师生比	10	17.2	0.58	15	5	2.7	1.57
有幼教资格证书教师比例	100	61.9	0.62	150	50	1.1	0.69
教师学历合格率	100	97.2	0.97	150	50	1.6	1.56
事业编制教师比例	31	12.1	0.39	46.5	15.5	6.8	2.65
园长职称评定率	100	48.9	0.49	150	50	0.6	0.29
财政性学前教育经费投入	5	2.6	0.52	7.5	2.5	27	14.04
对民办幼儿园的资金扶持	30	18	0.6	45	15	11	6.6
对非事业编制教师的工资补贴	3	1.8	0.6	4.5	1.5	3.5	2.1
对贫困家庭孩子的补贴	100	100	1	150	50	6.4	6.4
园舍建筑达标率	100	85	0.85	150	50	1.2	1
幼儿活动场地达标率	100	83	0.83	150	50	0.4	0.33
保育设施达标率	100	75	0.75	150	50	2.8	2.1

续表

	标准值	实际值	转换比率	上限	下限	权重	无量纲指标值
乡镇中心园标准达标率	100	100	1	150	50	1.1	1.1
公办幼儿园的比例	40	17.7	0.43	60	20	1.7	0.73
无证幼儿园的比例	5	11	0.45	2.5	45	0.8	0.35
省级示范幼儿园的比例	80	55	0.69	120	40	0.1	0.07
市级示范幼儿园的比例	90	85	0.94	135	45	0.2	0.19
已定级幼儿园的覆盖率	95	85	0.9	142.5	47.5	0.1	0.09
流动人口子女入园率	100	90	0.9	150	50	0.3	0.27
学前教育成本分担比例	60	18.8	0.31	90	30	3.9	1.2

表4-4　2009年定性指标无量纲化加权指标计算

评价指标	该项分值	权重	无量纲指标值	评价指标	该项分值	权重	无量纲指标值
学前教育管理者对学前教育公益性的理解	87	0.0477	4.15	区域政府学前教育服务水平	88	0.0856	7.57
管理者对学前教育发展的前瞻意识	95	0.0119	1.14	区域政府学前教育督导评价水平	80	0.0221	1.76
区域政府学前教育规划水平	75	0.0192	1.44	市民对学前教育发展的满意度	65	0.0011	0.07
区域政府民办幼儿园的政策支持	78	0.0562	4.4	学前教育均衡发展状况	62	0.0214	1.33

表4－5 2006年定量指标无量纲化加权指标计算结果

	标准值	实际值	转换比率	上限	下限	权重	无量纲指标值
师生比	10	14.1	0.71	15	5	2.7	1.91
有幼教资格证书教师比例	100	49.7	0.50	150	50	1.1	0.55
教师学历合格率	100	95.8	0.96	150	50	1.6	1.52
事业编制教师比例	31	9.8	0.32	46.5	15.5	6.8	2.15
园长职称评定率	100	28.5	0.29	150	50	0.6	0.17
财政性学前教育经费投入	5	1.6	0.32	7.5	2.5	27	8.64
对民办幼儿园的资金扶持	30	14	0.47	45	15	11	5.1
对非事业编制教师的工资补贴	3	1.2	0.4	4.5	1.5	3.5	1.4
对贫困家庭孩子的补贴	100	60	0.6	150	50	6.4	3.8
园舍建筑达标率	100	60	0.6	150	50	1.2	0.72
幼儿活动场地达标率	100	50	0.5	150	50	0.4	0.2
保育设施达标率	100	55	0.55	150	50	2.8	1.4
乡镇中心园标准达标率	100	80	0.8	150	50	1.1	0.88
公办幼儿园的比例	40	16.3	0.41	60	20	1.7	0.69
无证幼儿园的比例	5	20.4	0.25	2.5	45	0.8	0.20
省等级示范幼儿园的比例	80	9.7	0.12	120	40	0.1	0.01
市级示范幼儿园的比例	90	21.2	0.24	135	45	0.2	0.05
已定级幼儿园的覆盖率	95	54.6	0.57	142.5	47.5	0.1	0.06
流动人口子女入园率	100	85	0.85	150	50	0.3	0.26
学前教育成本分担比例	60	16.7	0.28	90	30	3.9	1.09

得分为30.8，定量指标权重数为73.3。

表 4－6　2006 年定性指标无量纲化加权指标计算

评价指标	该项分值	权重	无量纲指标值	评价指标	该项分值	权重	无量纲指标值
学前教育管理者对学前教育公益性的理解	75	0.0477	3.58	区域政府学前教育服务水平	80	0.0856	6.8
管理者对学前教育发展的前瞻意识	88	0.0119	1.05	区域政府学前教育督导评价水平	75	0.0221	1.65
区域政府学前教育规划水平	70	0.0192	1.34	市民对学前教育发展的满意度	55	0.0011	0.06
区域政府对民办幼儿园的政策支持	72	0.0562	4.05	学前教育均衡发展状况	50	0.0214	1.07

定性指标综合得分为 19.6。

2006 年宁波市学前教育公益性评价总得分为 50.4，2009 年宁波市学前教育公益性评价总得分为 65.2。

（三）宁波市学前教育公益性评价结果分析

本节通过对上述研究方法的综合运用，得出了宁波市 2006 年和 2009 年学前教育公益性评价具体分值分别为 50.4 和 65.2。下面对该市学前教育公益性评价结果做进一步的分析。

1. 一级指标总体分析

宁波市学前教育公益性评价由 4 个一级指标构成：硬投入、软投入、本体产出和功能产出（见图 4－3）。

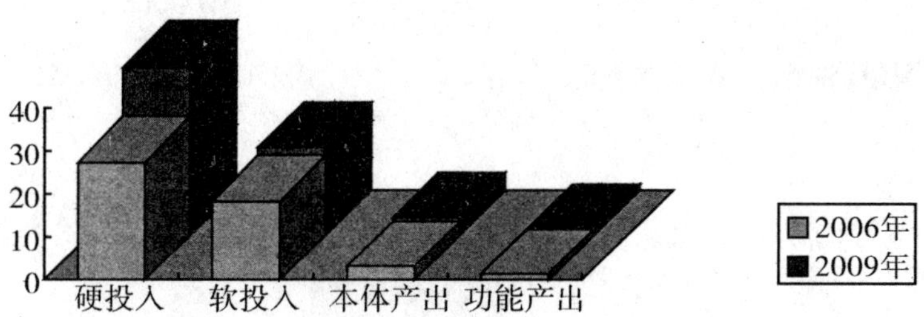

图 4－3　学前教育公益性评价一级指标对比分析图

从 2006 年和 2009 年的数据可以看出，近几年宁波市学前教育得到长足发展，其公益性亦得到较大幅度的提升，主要体现在硬性投入和软件投入方面，这与宁波市各级政府的“加大对学前教育资金投入”等举措是分不开的。宁波市财政性学前教育经费由 2006 年的 1.6 亿元增加到 2009 年的 2.6 亿元，学前教育专项经费由 2008 年的 6000 万元增加到 2009 年的 1 亿元。各级政府对学前教育大量资金的投入促进了学前教育公益性的提升。

同时，上图清晰表明宁波市学前教育公益性评价总体指数偏低，特别是衡量学前教育公益性的本体产出和功能产生指标指数极为不足。由于该市学前教育发展起步晚、基础差，现投入基数虽大，但是对于目前该市的学前教育发展来说仍然显得不足，学前教育仍然是该市教育体系中的最大短板，可见该市学前教育公益性有待进一步提升。

2. 硬投入指标对比分析

从学前教育公益性评价的硬投入的 3 个二级指标来看（具体见图 4－4），宁波市各级政府在发展学前教育、提升其公益性上投入了大量的资金，且资金投入的增长速度很快。如 2006 年该市财政性学前教育经费为

1.6亿元。2009年增加到2.6亿元，2010年该市财政性学前教育经费均占同级财政性教育经费5%以上，其中不举办高中段教育的区县达到了10%。

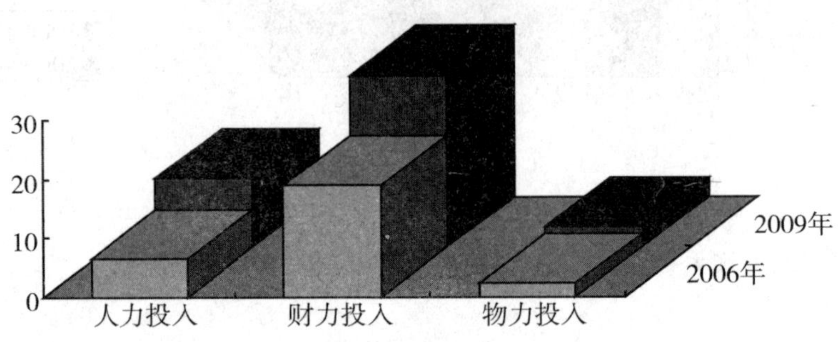

图4-4 硬投入指标对比分析图

从人力投入指标来看，2009年的数据比2006年有了明显的增加，这与宁波市近几年来推行的“两个千”工程有着很大关系。① 但是上图数据同时表明，该市在对非事业编制幼儿教师的工资补贴上还是投入力度不足，虽然该市出台了专项文件要求各区县确保非事业编制幼儿教师工资达到当地居民平均工资水平的1.5倍，但是目前非事业编制幼儿教师的工资普遍偏低，远没有达到当地居民平均工资水平的1.5倍。

从物力投入评价指标来看，2006年到2009年评价指数变化不大，且指数偏低。可见，该市虽在公办幼儿园的“改、扩、建”方面投入大量的财力和物力，但物力投入的整体优势被大量园舍建筑面积、幼儿活动场地和保育设施不达标的民办园所冲淡、掩盖了。而政府在占该市80%的民办

① “两个千工程”是指宁波市五年内农村中小学事业编制教师和事业编制幼儿教师各2500名。

幼儿园的投入显得十分不足。

3. 财力投入评价指标对比分析

从财力投入的四项评价指标指数来看，宁波市各级政府在学前教育公益性发展上的投入基数较大，但投入失衡现象严重（见图4－5）。政府的资金投向主要还是集中在公办幼儿园的建设补助、星级奖励、骨干教师免费培训、事业编制幼儿教师的工资、社会保险等方面，而在民办幼儿园发展上的投入力度仍然不大。2006年政府对民办幼儿园的投入经费为1600万，仅占学前教育总投入的10%，而2009年各级政府对民办幼儿园的投入经费占总投入的才15%。从非事业编制教师的工资补贴来看，政府对该群体教师的工资补贴投入不大，据统计，2006年全市幼儿教师年收入1万元以下的约占10.3%，1万～2万元的约占55.0%，2万～3万元的约占17.1%，4万元以上的仅占7.6%。① 从政府对贫困家庭幼儿的补贴来看，2009年对比2006年增长趋势较为明显，这与宁波市政府2006年完善的《家庭经济困难儿童入园资助制度》有很大关系。该制度规定，本市户籍城乡低收入家庭子女、烈士子女、福利机构监护的儿童、五保供养的儿童入读取得办园许可证的幼儿园可享受不低于保育费50%的资助，低保家庭子女享受三年免费学前教育，贫困幼儿的资助费用从政府学前教育专项经费中拨付给相关幼儿园。

① 数据来源：陈文辉，汪维民，何倩，曾洁女的《2007年宁波市学前教育调研报告》（宁波市教育局内部文件）。

图 4 – 5 财力投入指标对比分析图

4. 软投入评价指标对比分析

软投入从学前教育观念和教育管理的认知、评价 2 个指标来衡量，学前教育观念从学前教育相关管理负责人对公益性的理解和学前教育发展的前瞻意识两个视角来考察，而教育管理指标从政府对学前教育的重视程度、规划水平、服务水平和督导水平等子指标来分析。从下图 4 –6 中可以看出，学前教育观念指数明显低于教育管理指数。调查数据亦表明，该市仍有较大比例的地方党政领导对学前教育公益性的认识存在偏差，认为学前教育不具有公益性，政府不应该对其投资，应让其完全走向市场。党政领导的这种认识上的偏差，在某种程度上弱化了学前教育的地位，导致学前教育的公益性受到损害。

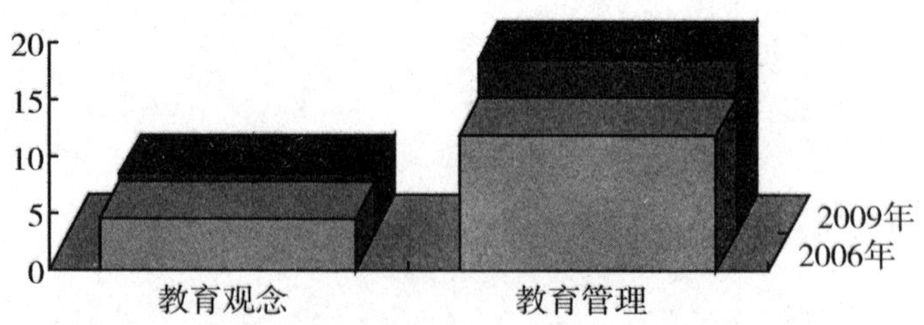

图 4 – 6 软投入指标对比分析图

5. 本体产出与功能产出对比分析

对学前教育本体产出状况的考察主要从教育成果、教育机会和学前教育均衡发展三个维度进行。教育成果方面，包括各区县乡镇中心园标准化达标率、公办园等优质园增长比例和无证幼儿园的取缔等评价指标。从图4-7不难看出，宁波市在本体产出方面做得较好，特别是在乡镇中心园的“改、扩、建”等方面尤为突出。

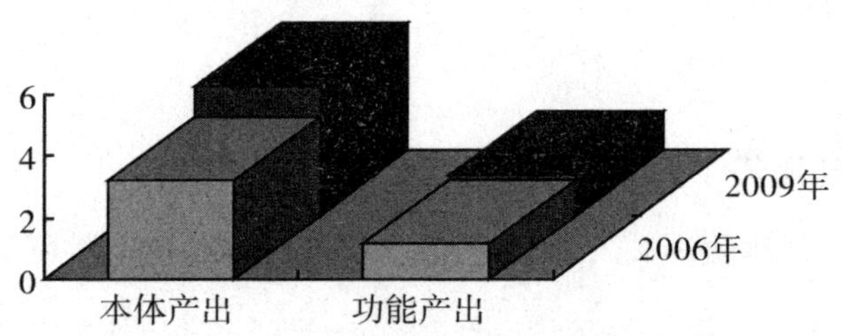

图4-7 本体产出与功能产出对比分析图

相比之下，代表功能产出方面的学前教育成本分担比例和市民对学前教育发展满意度的评价指数偏低。统计数据表明，2006年，政府对学前教育发展承担的费用平均每生只有878.3元，约占学前教育办学成本的18.8%；而家长承担了3800元，占办学成本比例为81.2%。(如下图4-8所示。)

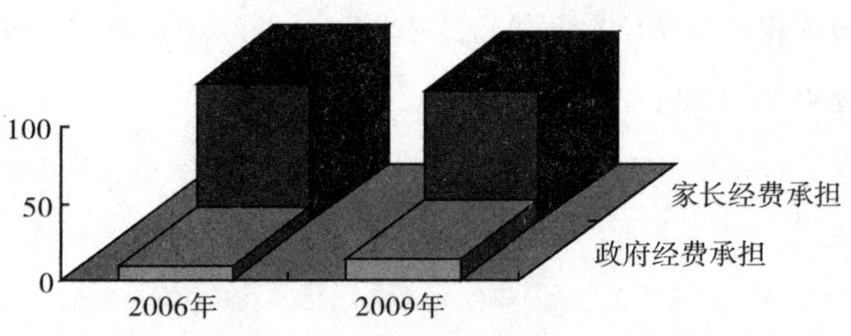

图4-8 办学成本分担比例对比图

政府承担如此比例的学前教育办学成本很显然是不够的，这也是导致学前教育公益性不足的根本原因之一。

综上所述，2006 年和 2009 年“宁波市学前教育公益性”评价指标得分与宁波市学前公益性实际发展状况大体上是相吻合的。从纵向角度来看，本研究设计的学前教育公益性评价指标体系及其测评方法是可行的，具有较强的可信度。

二、横向比较

为了进一步检验本文所构建评价指标体系的有效性和可信度，笔者从该市 11 个区县中选取了颇具代表性的北仑、江北进行横向比较，对宁波市学前教育公益性评价指标体系的可信度进行再次验证。

（一）样本简介

北仑区位于宁波市东部，濒临东海，北临杭州湾，南临象山港。经济发达，学前教育备受重视。现有各类体制幼儿园 89 所（其中公办 8 所），省级以上示范园 60 所，在园幼儿 19865 人，专任幼师 1222 名。① 该区学前教育呈现出优质均衡、管理灵活、发展多元的发展格局。

江北区系宁波面积最大的中心城区，南临甬江，北接慈溪。经济发达，2009 年生产总值 159. 59 亿元，财政总收入 73. 99 亿元。② 全区各类体制幼儿园 46 所（其中公办 14 所），幼儿专任教师 603 名，在园幼儿 9213 人。全区学前教育呈现出城乡均衡发展、彰显公益性质的良好态势。

① 宁波市北仑区教育局. 创新机制，加大投入，积极构建具有北仑特色的学前教育服务体系（系内部资料，未发表）：1 - 6.

② 数据来源：宁波市江北区人民政府网。

慈溪市位于东海之滨、杭州湾南岸，是宁波市北通上海的门户和交通枢纽。该市经济发达、人口众多，现有各类体制幼儿园254所（其中公办19所），在园幼儿47819人，专任幼师2514名。对比宁波市其他区县，慈溪市的学前教育基础相对薄弱、起步较晚，发展失衡，公益性提升难度更大。

（二）数据预处理及加权求和

进行指标综合评价时，由于各个指标之间的计算单位和数量级不同，再加上各指标在学前教育公益性评价中的重要性不同，因此，不能将统计得来的指标值进行简单相加，这样就无法体现各指标值的重要性在综合评价中的作用。① 本节横向比较时仍然采用无量纲化对数据进行预处理，处理方法同上（纵向对比部分），处理结果如表4－7、4－8、4－9、4－10、4－11、4－12所示。

表4－7 2009年北仑定量指标无量纲化加权指标计算结果

	标准值	实际值	转换比率	上限	下限	权重	无量纲指标值
师生比	10	16.3	0.61	15	5	2.7	1.65
有幼教资格证书教师比例	100	73	0.73	150	50	1.1	0.80
教师学历合格率	100	98.7	0.99	150	50	1.6	1.56
事业编制教师比例	31	18.2	0.59	46.5	15.5	6.8	3.99
园长职称评定率	100	62	0.62	150	50	0.6	0.37
财政性学前教育经费投入	5	5.42	1.08	7.5	2.5	27	29.3
对民办幼儿园的资金扶持	30	26	0.9	45	15	11	9.5
对非事业编制教师的工资补贴	3	3	1	4.5	1.5	3.5	3.5
对贫困家庭孩子的补贴	100	100	1	150	50	6.4	6.4

① 章文波，朱晓明．企业社会责任多视角透视［M］．北京：北京大学出版社，2009：18.

续表

	标准值	实际值	转换比率	上限	下限	权重	无量纲指标值
园舍建筑达标率	100	95	0.95	150	50	1.2	1.14
幼儿活动场地达标率	100	90	0.90	150	50	0.4	0.36
保育设施达标率	100	85	0.85	150	50	2.8	2.38
乡镇中心园标准达标率	100	100	1	150	50	1.1	1.1
公办幼儿园的比例	40	8	0.43	60	20	1.7	0.2
无证幼儿园的比例	5	11	0.5	2.5	45	0.8	0.4
省级示范幼儿园的比例	80	65	0.81	120	40	0.1	0.08
市级示范幼儿园的比例	90	93	1.03	135	45	0.2	0.21
已定级幼儿园的覆盖率	95	90	0.95	142.5	47.5	0.1	0.09
流动人口子女入园率	100	100	1	150	50	0.3	0.3
学前教育成本分担比例	60	45	0.75	90	30	3.9	2.9

表4-8 2009年北仑定性指标无量纲化加权指标计算

评价指标	该项分值	权重	无量纲指标值	评价指标	该项分值	权重	无量纲指标值
学前教育管理者对学前教育公益性的理解	90	0.0477	4.29	区域政府学前教育服务水平	90	0.0856	7.7
管理者对学前教育发展的前瞻意识	91	0.0119	1.08	区域政府学前教育督导评价水平	85	0.0221	1.88
区域政府学前教育规划水平	85	0.0192	1.63	市民对学前教育发展的满意度	77	0.0011	0.08
区域政府对学前教育的政策支持	85	0.0562	4.76	学前教育均衡发展状况	70	0.0214	1.47

2009年北仑学前教育公益性状况综合评价得分为86.83。

表 4－9 2009 年江北定量指标无量纲化加权指标计算结果

	标准值	实际值	转换比率	上限	下限	权重	无量纲指标值
师生比	10	15.3	0.65	15	5	2.7	1.76
有幼教资格证书教师比例	100	74	0.74	150	50	1.1	0.81
教师学历合格率	100	99	0.98	150	50	1.6	1.57
事业编制教师比例	31	24.8	0.80	46.5	15.5	6.8	5.44
园长职称评定率	100	51.7	0.52	150	50	0.6	0.31
财政性学前教育经费投入	5	5	1	7.5	2.5	27	27
对民办幼儿园的资金扶持	30	20	0.67	45	15	11	7.37
对非事业编制教师的工资补贴	3	3	1	4.5	1.5	3.5	3.50
对贫困家庭孩子的补贴	100	85	0.85	150	50	6.4	5.44
园舍建筑达标率	100	85	0.85	150	50	1.2	1.00
幼儿活动场地达标率	100	83	0.83	150	50	0.4	0.33
保育设施达标率	100	75	0.75	150	50	2.8	2.10
乡镇中心园标准达标率	100	100	1	150	50	1.1	1.10
公办幼儿园的比例	40	26.1	0.65	60	20	1.7	1.11
无证幼儿园的比例	5	8	0.65	2.5	45	0.8	0.50
省级示范幼儿园的比例	80	65	0.81	120	40	0.1	0.08
市级示范幼儿园的比例	90	89	0.99	135	45	0.2	0.20
已定级幼儿园的覆盖率	95	85	0.9	142.5	47.5	0.1	0.09
流动人口子女入园率	100	92	0.92	150	50	0.3	0.28
学前教育成本分担比例	60	17.5	0.29	90	30	3.9	1.14

表 4－10 2009 年江北定性指标无量纲化加权指标计算

评价指标	该项分值	权重	无量纲指标值	评价指标	该项分值	权重	无量纲指标值
学前教育管理者对学前教育公益性的理解	85	0.0477	4.08	区域政府学前教育服务水平	78	0.0856	6.7
管理者对学前教育发展的前瞻意识	90	0.0119	1.08	区域政府学前教育督导评价水平	70	0.0221	1.4
区域政府学前教育规划水平	73	0.0192	1.46	市民对学前教育发展的满意度	58	0.0011	0.06
区域政府对学前教育的政策支持	72	0.0562	4.05	学前教育均衡发展状况	52	0.0214	1.09

2009 年江北学前教育公益性状况综合评价得分为 81.05。

表 4－11 2009 年慈溪市定量指标无量纲化加权指标计算结果

	标准值	实际值	转换比率	上限	下限	权重	无量纲指标值
师生比	10	19.1	0.52	15	5	2.7	1.41
有幼教资格证书教师比例	100	50.9	0.51	150	50	1.1	0.56
教师学历合格率	100	73	0.73	150	50	1.6	1.17
事业编制教师比例	31	24.8	0.17	46.5	15.5	6.8	1.18
园长职称评定率	100	47.7	0.48	150	50	0.6	0.29
财政性学前教育经费投入	5	3	0.6	7.5	2.5	27	16.2
对民办幼儿园的资金扶持	30	26	0.87	45	15	11	9.53
对非事业编制教师的工资补贴	3	3	1	4.5	1.5	3.5	3.50
对贫困家庭孩子的补贴	100	60	0.60	150	50	6.4	3.84
园舍建筑达标率	100	75	0.75	150	50	1.2	0.9
幼儿活动场地达标率	100	75	0.75	150	50	0.4	0.3
保育设施达标率	100	63	0.63	150	50	2.8	1.76

续表

	标准值	实际值	转换比率	上限	下限	权重	无量纲指标值
乡镇中心园标准达标率	100	90	0.9	150	50	1.1	0.99
公办幼儿园的比例	40	8	0.2	60	20	1.7	0.34
无证幼儿园的比例	5	15	0.33	2.5	45	0.8	0.27
省级示范幼儿园的比例	80	30	0.38	120	40	0.1	0.04
市级示范幼儿园的比例	90	60	0.67	135	45	0.2	0.13
已定级幼儿园的覆盖率	95	65	0.68	142.5	47.5	0.1	0.07
流动人口子女入园率	100	95	0.95	150	50	0.3	0.29
学前教育成本分担比例	60	14.5	0.24	90	30	3.9	0.94

表 4－12　2009 年慈溪市定性指标无量纲化加权指标计算

评价指标	该项分值	权重	无量纲指标值	评价指标	该项分值	权重	无量纲指标值
学前教育管理者对学前教育公益性的理解	75	0.0477	3.58	区域政府学前教育服务水平	70	0.0856	6.0
管理者对学前教育发展的前瞻意识	87	0.0119	1.04	区域政府学前教育督导评价水平	75	0.0221	1.7
区域政府学前教育规划水平	70	0.0192	1.40	市民对学前教育发展的满意度	52	0.0011	0.05
区域政府对学前教育的政策支持	70	0.0562	3.92	学前教育均衡发展状况	45	0.0214	0.96

2009 年慈溪市学前教育公益性状况综合评价得分为 62.36。

（三）北仑、江北、慈溪学前教育公益性评价结果对比分析

本节通过对北仑、江北慈溪三区县学前教育公益性相关数据的综合分析，得出了北仑、江北慈溪学前教育公益性评价具体分值分别为 86. 83、81. 05 和 62. 36。下面对该市学前教育公益性评价结果做出进一步的分析。

1. 一级指标总体分析

宁波市学前教育公益性评价由 4 个一级指标构成：硬投入、软投入、本体产出和功能产出。下面分别加以分析（见图 4 –9）。

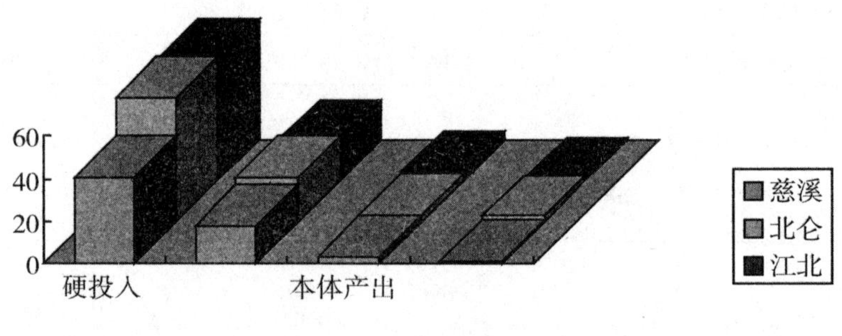

图 4 –9　一级指标对比分析图

从图 4 –9 可以看出，北仑、江北为提升学前教育公益性在人、财、物力等硬件投入上下了很大功夫，且取得了十分显著的成绩。两地学前教育公益性之所以得到快速提升，在很大程度上得益于硬投入这一指标的落实。相比之下，慈溪市在学前教育发展上的投入相对要少，资金投入的不足是导致该区学前教育公益性指数低于其他区县的主要原因。

从软投入指标得分来看，北仑和江北地区仍然是走在全市前列，这与两地区县政府对学前教育的高度重视和大力支持是相吻合的。早在 2008 年江北区人民政府便出台了《江北区人民政府关于加快学前教育改革与发展的实施意见》（北区政发〔2008〕1 号）文件、江北区教育局出台了《关于建立江北区幼儿园帮扶结对制度的通知》（北区教〔2008〕61 号）。这

些制度的出台为该区学前教育公益性的提升提供了可靠的政策支撑和制度保障。而慈溪市政府尽管对学前教育发展亦高度重视，也为学前教育的发展投入了大量资金，但由于该市人口众多、地区发展差距悬殊、公民办幼儿园比例严重失调（全市235 所幼儿园中仅19 所是公办幼儿园，公办园所占比例不到10%），所投资金对于学前教育的发展来说显得十分不足。

从本体产出和功能产出指标来看，三区县学前教育虽然得到了快速发展，但是由于基础薄弱、起步较晚，学前教育的成果，特别是对社会、对地区经济发展等方面的影响不是十分明显。

2. 硬投入指标对比分析

从图4－10 可以看出，北仑、江北在发展学前教育上都投入了大量的人、财、物力资源。可见自宁波市《关于加快学前教育改革与发展的若干意见》颁布以来，各区县积极响应市政府“加大对学前教育资金投入”号召，在学前教育公益性提升上取得了可喜成绩。据不完全统计，2007—2009 年北仑用于学前教育的区级财政经费分别是 2926 万、3847 万和 4146 万元，分别占区财政性教育经费的 5. 2%、5. 39% 和 5. 42%。此外，从2005 年开始北仑区政府新增设学前教育专项发展资金 200 万元，到 2009 年区学前教育专项经费已达 1000 万元。江北地区 2008 年学前教育财政经费预算达到 2444 万元，对比 2007 年增加 1510 万元，占区财政性教育经费总额的 10. 4%。2009 年该区虽然受金融危机影响较大，但是全区学前教育财政投入经费达 2021 万元。① 对比江北、北仑来说，慈溪在资金投入上起步较晚，2007 年该市学前教育专项资金仅 5 万元，2008 年全市学前教育财政性经费投入为 2705 万元用于对公办园及偏远地区幼儿园建设补助等，

① 宁波市江北区教育局．强化政府责任推进江北学前教育城乡一体化发展（内部资料，为公开），2010.

2009 年市财政学前教育专项经费才 150 万元。大量、充足的资金投入是两地学前教育公益性快速提升的根本原因。

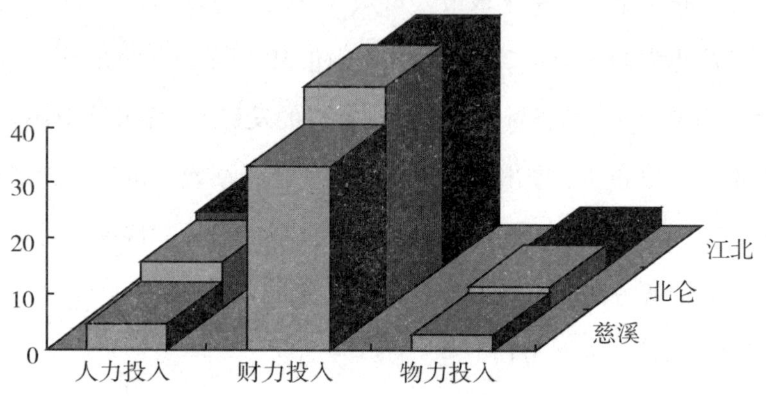

图 4－10　硬投入指标对比分析图

从人力投入指标来看，江北的数据对比北仑略有所增加。这与江北区的实际情况是相吻合的，2008 年该区专任幼儿教师 540 名，2009 年增加到 603 名，其中增加事业编制幼师 34 名。学前教师的引入使该区在人力投入上取得了较好的效果。三区县中人力投入指数最低的是慈溪，这与慈溪的实际情况是吻合的，该市事业编制教师仅占专任教师的 7.5%，相比其他区县，政府投入在人力的资金要少些。

从物力投入评价指标来看，三区县的评价指数相当，且指数偏低。可见，大量农村幼儿园仍然是改进的重点和难点。

3. 财力投入评价指标对比分析

从财力投入的四项评价指标指数来看，江北和北仑在学前教育公益性发展上的投入基数很大，但和全市其他区县一样，投入失衡现象亦比较严重（见图 4－11）。政府对学前教育投入的大量财政经费集中在基础建设和人员经费支出上。如 2006 年北仑学前教育基建经费支出高达 74.8%，人员经费占非基建类支出经费的82.5%。① 该区根据《关于北仑幼儿园自聘合格教师工资补差方案》规定对非事业编制的幼儿园高级教师人均园发部分3.5万，区补差后达到4.8万，具有初级职称的教师人均园发部分3万，区补差后达到4.3万，尚未有职称但有资格证书的教师园发部分达到2.5万，区补差后达到2.8万。企业编制教师按同档次人员年收入上浮2000元。江北区2009年对非事业编制幼儿教师工资、社保补助262万元（涉农街道、乡镇实行1∶1配套补助）。数据显示，江北、北仑两地非事业编制教师的工资普遍高于全市水平。从图中我们可以看出慈溪在民办园扶持上做得要比其他两个区县要好。

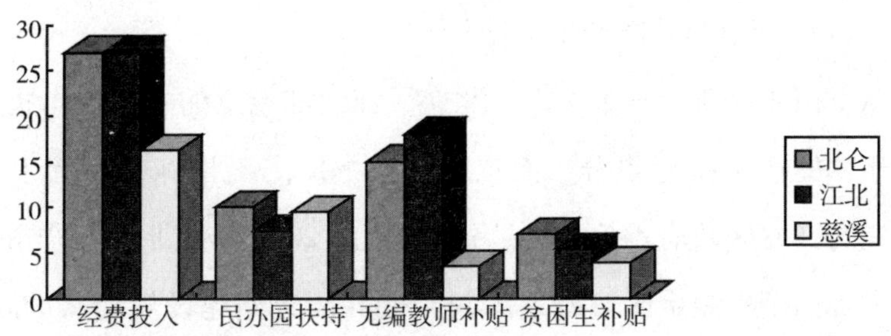

图4-11 财力投入指标对比分析图

4. 软投入评价指标对比分析

从下图4-12中可以看出，江北和北仑的学前教育观念指数和教育管理指数明显高于该市平均水平。数据同时表明，江北区在软投入指标上高出北仑和慈溪地区。这与江北区地处中心城区的有利地理位置是分不开的，加上

① 数据来源：陈文辉，汪维民，何倩，曾浩女的《2007年宁波市学前教育调研报告》第8页。系内部资料，为公开。

宁波大学等高校均设在该区，相对而言该区与高校的联系更为紧密、合作项目较多，这在较大程度上对软件投入指标的提升具有促进作用。

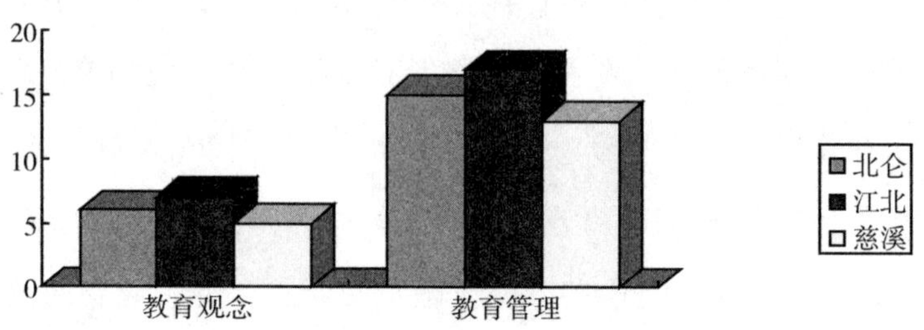

图 4－12 软投入指标对比分析图

5. 本体产出与功能产出对比分析

从下图 4－13 中不难看出，北仑、江北和慈溪的本体产出指标得分情况好于功能产出指标得分，而江北论在本体产出指标方面优于北仑和慈溪，这与江北区政府相关决策是分不开的。2009 年江北区在全市率先由政府规划部门牵头制定了《江北农村片幼儿园近期建设规划》，并以区政府常务会议纪要的形式确保顺利实施。该区在 2007 年 9 所公办幼儿园的基础上，于 2009 年新增 5 所公办幼儿园。

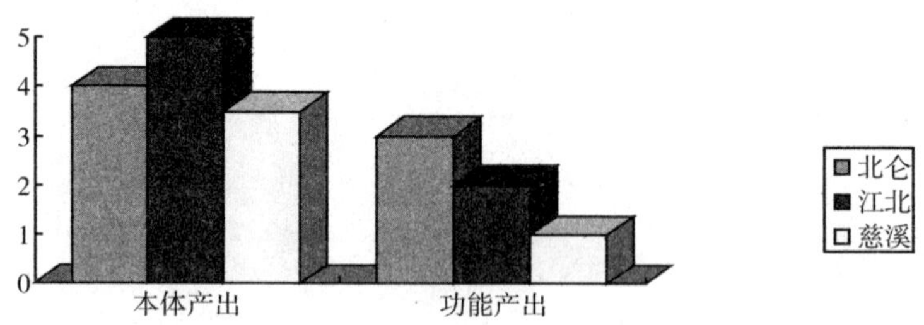

图 4－13 本体产出与功能产出对比分析图

相比之下在功能产出指标得分上，北仑得分明显高于江北和慈溪。原因在于，一方面北仑推行优先发展农村学前教育政策，实行园长公派、优秀教师支教、高校毕业生扎根农村等战略，确保农村学前教育质量稳步提升。另一方面该区政府制定了“政府扶持、社会参与、市场运作、群众享受”惠民政策，汇集各方力量大力发展学前教育。区政府这些举措得到广大农村家长的积极拥护和支持，赢得社会各阶层一致好评。

在成本分担指标上，三区的得分基本相当。如图 4-14 所示，尽管三区在发展学前教育上投入了大量的资金，但是这些资金目前还主要是集中在改变硬件建设等办学条件和发放教师的工资、福利待遇等方面，广大幼儿家长特别是民办幼儿园的家长还是承担了绝大部分的教育成本费用。

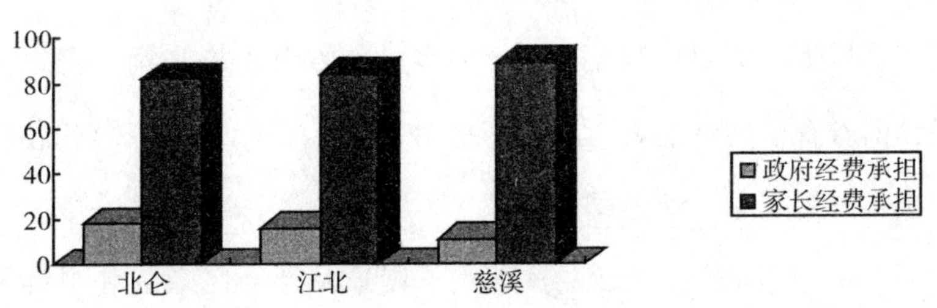

图 4-14 办学成本分担比例对比图

通过以上横向对比分析，我们不难发现江北、北仑和慈溪的学前教育公益性评价指标得分与这些地区学前教育公益性实际发展状况也是基本一致的，研究结果基本上代表了这些地区学前教育公益性的现实情况及其发展趋向。

从横向角度来看，本研究设计的学前教育公益性评价指标体系及其测评方法也是可行的，同样具有较强的可信度。

第七节 对策建议

通过运用本研究构建的公益性评价指标体系对宁波市学前教育公益性测试结论的分析，可以明确宁波市学前教育公益性提升的基本思路，再结合宁波市学前教育改革试点发展规划以及今后可持续均衡发展的需要，借鉴国内外学前教育公益性提升的成功经验，本研究提出以下增强学前教育公益性的六项对策建议。

一、制定发展规划，调整结构体系

从以上纵横对比数据来看，城乡学前教育发展失衡、差距过大等问题是学前教育公益性能否得到快速提升的重大障碍之一。因此各区县政府必须制定发展规划，调整结构体系。

（一）学前教育的宏观教育改革背景及社会民众的公平诉求对我国学前教育提出了新的要求，只有从高远处谋划，方可少走弯路。

十八大报告中指出“努力让每个孩子都能享受公平而有质量的教育”；《国务院关于当前发展学前教育的若干意见》中指出：各地政府要为幼儿和家长提供方便就近，灵活多样的学前教育服务；将大力发展学前教育作为建设社会主义和谐社会的重大民生工程，纳入政府工作重要议事日程。作为中国西部教育创新改革高地的成都市，在学前教育改革与发展方面，更是以政府令形式出台《幼儿园管理办法》，确定了以公共财政投入为主、以公办和公益性幼儿园为主的“两为主”学前教育发展格局。着力推进学前教育公共服务均等化，描绘了我国学前教育未来发展的总目标和路线图。

在实施公办幼儿园“一体化”之前，中西部地区优质学前教育资源总体上总量偏低，全国呈现分布不均的特点。全国幼儿园规划、普惠性资源总量、布局还不尽合理，中西部和城乡之间入园矛盾仍比较突出，还存在“大班额”现象。学前教育整体面临优质资源极度紧缺且配置不均的现实困境，“少数幼儿园一位难求，社会反响强烈”的客观事实不容回避，学前教育的整体结构失衡及教育服务供给不足使得社会民众“能上学”“上好学”的教育公平诉求难以满足，社会矛盾突出。可以说，学前教育的宏观教育改革背景及社会民众的公平诉求对我国学前教育提出了新的要求，只有从高远处谋划，方可少走弯路。

（二）历史遗留的校办园极其严重的“小学化”倾向深刻制约着学前教育整体质量提升，须从薄弱处入手，才能保住底线。

尚未实施公办幼儿园“一体化”改革前，全国有许多所小学附属幼儿园。小学附属幼儿园历史成因多元，但大多数属于小学的摇钱树，小金库。管理者和教师大多数来自小学领导关系户，文化程度总体偏低（高中以上学历占比不足70%），幼儿教师资格持证率不足65%，园长资格持证率不足70%，师资队伍的专业素养与《幼儿园教师专业标准》尚有较大距离。幼儿园保教水平低，“小学化”现象十分突出。这些历史遗留的校办幼儿园的“小学化”倾向严重制约着我国学前教育质量。因此，将小学附属幼儿园全部剥离出来交给公办幼儿园托管，从机制上解决小学化问题乃是当务之急。

从我国学前教育的整体结构来看，小学附属幼儿园是学前教育“木桶中的短板”，当属学前教育最薄弱处。只有从最薄弱处入手，才能保住学前教育的质量底线。

（三）大邑在学前教育若干政策的推进中遭遇编制困局，面临师资短缺，如何挖潜提质，只能从可行处起步，优化资源。

“天下难事必作于易，天下大事必作于细。”在两期“三年行动计划”实施中遇到了学前教育发展的最大难题：教师队伍建设，尤其是园长队伍的建设问题。根据本届政府编制“只减不增”的原则，编制成为学前教育发展不能不面对的制度困局。幼儿园园长只能在现有的88名编制内公办教师中自我培养、选用。学前教育如何优化可用资源，最大限度发挥88名教师的作用？如何利用这有限的教师资源催生可以推进学前教育持续发展的源头活水？只有根源于县域实情，因地制宜，依托体制机制上的创新，实现自我造血，挖潜提质。

二、加大资金投入，合理配置资源

提升学前教育公益性的主要责任在政府，而保障财政投入是政府行使学前教育管理职能的重要体现。较之公办幼儿园，民办幼儿园在经费保障，尤其是公用经费保障方面比较薄弱。以2016年的数据为例，当年学前教育财政性经费占全国财政性教育经费的4.2%，但占全国在园儿童总数55.2%的民办幼儿园所获财政性教育经费数量非常少①，学前教育财政性经费绝大部分用于公办幼儿园建设和在编教职员工的工资支出。民办幼儿园所需经费主要来自于个人投资、保教费与教育主管行政部门的定额奖补。研究数据表明，民办幼儿园所获经费大部分用于人员开支，如人员工资支出占保教收入的83.19%，所剩部分也仅能维持最基本的运转②。他山

---

① 2016年《中国儿童发展纲要（2011—2020年）》统计监测报告 http://www.stats.gov.cn/tjsj/zxfb/201710/t20171026_1546618.html.

② 宋卫斌等．武汉市普惠性民办幼儿园公用经费投入现状及对策研究［J］．教育财会研究，2017（6）：86.

之石可以攻玉，于此不妨借鉴英国的经验。近年来英国私立幼儿教育机构快速发展、保教质量显著提高得益于政府相关法规的不断完善和财政的大力支持，从 2000 年至 2012 年，英联邦政府每年为私立托幼机构投入 20 亿英镑的经费支持①。因此，就国家层面而言，首先，我国政府在规约民办教育机构办学行为的同时，也应出台明确的非营利性民办幼儿园专项经费保障等扶持政策。特别是针对那些区县财力难以维持幼儿教育可持续发展的不发达与欠发达地区，其投入体制的重心应上移至市级或省级政府，由更高层级财政部门确保投入力度。省市政府对民办幼儿园的财政资助，可先从增加生均经费补贴等举措开始，以此弥补办园经费之不足。其次，政府要为民办幼儿园教师参加科研和培训等活动提供必要的机会和经费保障。这是规范民办幼儿园办园行为和提高保教质量的重要保证，同时，亦是凸显幼儿教育公益属性的重要举措。

财政投入对于学前教育机会的增加、办学条件的改善、师资队伍的稳定、教育质量的提高均具有重要作用。财政投入不足则将会严重制约学前教育机会公平和质量公平的实现。这一点本文从宁波市江北、北仑地区学前教育公益性的提升上得到充分证明，北仑、江北两地学前教育公益性评价指标得分明显高于其他区县，原因在于北仑和江北在提升学前教育公益性上投入了大量人、财、物力资源，为公益性的提升提供可靠的保障。因此，各级政府为提升学前教育公益性，在资金投入、资源配置上应做到如下几点：

一方面加大财政投入，建立起以公共财政为支撑的学前教育投入保障

① Bastos, P. , & Straume, O. R. (2016) . Preschool education in brazil: Does public supply crowd out private enrollment?? World Development? 78, 496. Retrieved from https: //search. proquest. com/docview/1750054968? accountid = 49031.

机制。各级政府应将学前教育经费投入情况列入各级政府预算，每年应安排一定比例的学前教育专项经费，确保财政性学前教育经费占同级财政性教育经费的比例日趋合理化，并保证学前教育财政性经费一步到位，做到专款专用。

另一方面充分调动全社会力量关心和支持学前教育，完善社会力量兴办教育的体制和政策，不断提高社会资源对学前教育的投入。为鼓励社会力量举办优质幼儿园，在土地规划、税收征收方面出台优惠政策。如，土地由规划部门按公益性用地标准规划，初次举办的优质民办幼儿园可享受三年的免税免费期等，从根本上解决学前教育发展资金不足的问题。

再一方面加强经费监管，进一步完善学前教育各项经费监管机制。加强对学前教育经费的预算、监督和管理，逐步建立健全学前教育经费使用问责制度，确保有限的教育资源发挥最大的功效。

此外，应在明确学前教育性质、学前教育在社会生活以及国民体系中的地位、功能和政府责任的前提下，积极建立政府、社会和家庭共同分担学前教育和托幼服务成本的机制。①

三、完善管理体制，加强调控力度

基于学前教育管理混乱的现状，当前最为迫切的是探索新型的科学管理机制，加强学前教育管理力度，健全管理机构，完善管理体制，将评估、督导、专业辅导与培训纳入其中，实现管理服务一体化。2017 年 9 月中共中央办公厅、国务院办公厅颁发《关于深化教育体制机制改革的意见》（以下简称《意见》），明确要求：建立健全国务院领导、省市统筹、

① 刘焱．对我国学前教育几个基本问题的探讨——兼谈我国学前教育未来发展思路［J］．教育发展研究，2009（8）：4.

以县为主的学前教育管理体制，充分发挥乡镇作用，加强监督力度，规范办园行为。各地教育行政部门应据此《意见》，从以下方面完善外部监督机制。一是资格审查制度。为有效规范举办者及家庭成员的办园行为，主管部门应制定相关的资格审查监督制度，对申办人员及家庭成员进行细致审查，包括其家庭背景、学识水平、工作经历、社会活动，乃至犯罪记录等。英国在这方面积累了比较成功的经验，可为我国民办幼儿园的申请准入、规范管理等提供参考。二是行为监管制度。主管部门有权知晓民办幼儿园的资产使用状况与资金的运转情况，对于园长及其他管理执行人员违反法律和职责的行为有权做出相应的处置，如办园优惠政策的限制、办园奖励经费的分配等。三是信息公开制度。民办幼儿园须向社会公开办园规模、场地设施、师资力量、经费收支及保教质量等信息。主管部门应明确信息公开时间、标准和方式，监督其是否履行相关规定，并依法查处违规行为。四是督导评估制度。健全幼儿教育督导评估制度是完善我国民办幼儿园外部监督机制的重要环节之一，将有助于及时发现办园过程中存在的问题，帮助举办者不断改进办园行为，促使幼儿园本着公益宗旨朝规范化道路发展。此外，幼儿家长的监督也是外部监督机制发挥作用的有效方式之一。教育行政主管部门和幼儿家长共同监管，可有效促使举办者在规范办园的基础上，不断优化内部管理、改善办园条件、提高保教质量。同时，规范民办幼儿园的审批、管理制度，明确监管部门责任，加强管理、引导和支持。加强教育行政部门统一规范管理幼教机构的责任意识，各系统举办的幼儿园逐步通过改制、转制归口当地教育行政管理部门分管。政府对于民办幼儿园的资助由教育行政部门统一归口管理。各地民政、工商、税务、物价等部门应协助管理。统一协调将自收自支系统举办的幼托机构调整为属地管理，或移交当地教育部门管理使用。

四、维护教育公平，搞好办学导向

学前教育的公益性以公平为价值取向，要求各级政府在学前教育公益性的界定上体现公平优先，兼顾效率的原则。具体来说，政府应保证每一位适龄儿童都享有平等受教育的机会，而对于弱势儿童，仅仅强调平等对待是远远不够的，只有遵循积极的差别原则，实行优先扶持策略，才能达到真正的学前教育平等的目的。所以应建立以政府责任为主、政府组织与非政府组织共同资助困难群体的社会公平保障体系，使所有符合教育专项资助标准的家庭子女享受到无差别的、长期的资助。① 此外，行为失范意味着个体意识被欲望所占据，社会赖以生存的价值处于缺失状态。因此，还需依靠举办者自身对公共责任意识的维护，公共责任是社会存在的必要且普遍的前提。民办幼儿园举办者对公共责任意识的维护可从以下方面加强：其一，财务责任，即资金的合理使用与分配，以公益为目的的民办幼儿园的举办者应严格遵守“不得取得办学收益”“办学结余应全部用于办学”等规定，将有限资金合理用于幼儿保教、园所发展等既定领域；其二，过程责任，即举办者在办园过程中，应牢记办园宗旨，传承社会核心价值，认真履行行业相关职责，严格遵守国家各项法规；其三，项目责任，即确保举办者的办园行为和资金投入获得预期效果，举办者应以促进幼儿身心健康发展、提升保教质量为办园工作的出发点和归宿点。在以上责任中，财务责任和过程责任侧重强调举办者遵守规章制度、避免失范行为。强化举办者的公共责任并不局限于法律法规的限制与遵守、避免不当行为，更重要的是如何规范办园行为、增强举办者的公共责任意识，突显

① 劳凯声．中国教育改革 30 年政策与法律卷［M］．北京：北京师范大学出版社，2009：252.

幼儿教育的公益属性，实现“幼有所育”的社会功能。应积极建立和完善对城乡困难群体的扶持机制，通过政府一系列完善而有效的政策举措，加大对农民工子女、城市下岗职工、残疾儿童、家庭经济困难儿童等贫困、困难群体的扶持力度，让学前教育惠及全体适龄儿童，为每一位适龄儿童提供质量大致相当的学前教育，充分维护学前教育的公平。

五、加强质量监管，完善服务体系

针对目前私立幼儿园管理混乱、教育质量滑坡的现状，各级教育行政主管部门应树立全面的学前教育质量观，积极采取应对措施，建立健全教育质量检测与评估标准，实施严格的学前教育质量责任制度和问责制度。完善的内部治理结构是民办幼儿园规范办园行为、理顺内部关系、激发团队活力的重要保障。内部治理的主要功能包括平衡权责、协调利益、挖掘潜能。基于目前我国民办幼儿园的发展现状，可从以下方面完善其内部治理结构。首先，合理分权与制衡。为有效防止举办者及其家族成员权力过于集中和膨胀，“国发 81 号文”明确要求民办教育机构关键岗位实行亲属回避制度。民办幼儿园应建构一种合理配置责权利的组织结构，并以此促使民办幼儿园各利益相关者各司其职、各负其责、各尽其能，保障幼儿园在民主决策和科学管理的环境中持续健康发展。其次，保障幼儿教师的参与权。幼儿教师是民办幼儿园的重要利益相关主体之一，理应通过相关渠道保障其积极参与内部事务管理的权利，尊重其在幼儿园的主人翁地位，消除其作为受雇方行使职权的后顾之忧，充分发挥其才能。最后，强化财务监管制度。在民办幼儿园建立、健全财务机构的同时，教育行政主管部门应严格审核其财会人员的任职资格，加强有关人员的业务指导与培训，促使其严格执行国家统一的会计制度，自觉抵制各种失范行为，切实为民办幼儿园的持续健康发展保驾护航。同时，逐步完善学前教育服务体系，促进学前教育事业积极、有序地发展。

六、健全法律法规，提供制度保障

教育立法是国家调控和管理教育的一种重要手段，国家对教育体制的管理和运行的调制主要是通过立法实现的。提高我国学前教育立法的层次，赋予学前教育应有的法律地位，制定科学适宜、有力的全国性专门法律，是解决当前学前教育事业发展诸多问题的迫切需求。健全法人制度是我国民办幼儿园发展的必然方向与趋势。法人属性决定着民办教育机构的社会地位、财产来源、投资回报、税收优惠和教师身份等。2016 年国务院颁布的《关于鼓励社会力量兴办教育促进民办教育健康发展的若干意见》（以下简称“国发 81 号文”）明确指出，包括幼儿园在内的民办教育机构要完善法人制度。2017 年 3 月全国人大五次会议审议通过的《中华人民共和国民法总则》（以下简称《民法总则》）第 87 条明文规定：以公益目的或其他非营利目的成立的民办教育机构实行非营利性法人制度。非营利性法人制度强调以“所有权、控制权和收益权分离”为基础，以“利益相关者协调”为重心，以“委托—代理关系”为主线，以“公共责任为归依”。非营利性法人制度的确立，解决了长期以来我国民办教育机构法人归属不清的问题，为民办幼儿园的规范管理提供了制度保障。非营利性法人制度的实施是民办幼儿园良性发展的重要保证，也是政府对其监管到位的重要举措。因此，健全非营利性幼儿园法人制度，一方面将有利于约束举办者随意干涉幼儿园管理的不当行为、降低办园风险；另一方面将有助于幼儿园管理逐步走向科学化，做到产权、治权和受益权分离，组织运行机制健全；再一方面也将有助于决策民主化，教职工代表大会制度的建立、健全将有助于保障幼儿教师共同参与园所管理的权利；最后，非营利性法人制度的顺利实施，还将有助于广大民办幼儿园走上系统化的管理道路。近些年，我国江苏、北京、青岛、广州等省市在学前教育立法方面做了很多工作，已先后制定实施了《学前教育条例》；上海、山东等省市也即将完成学前教育立法工作，可为全国性的立法提供借鉴与参考。因此，政府应抓紧研究和制定学前教育专门法，通过法律强化学前教育的公共性与公益性，使学前教育事业发展真正做到有法可依、有法必依，保障并促进学前教育事业健康有序发展。

第五章

结论及展望

基于个人对学前教育管理研究的兴趣和多年从事相关工作的实际，笔者选择了本课题研究，并通过大量文献阅读、广泛深入调研、多方咨询求证，最终，克服重重困难，完成了本论文的撰写。

学前教育公益性评价指标体系研究是一项应用性很强的综合研究。笔者在本研究评价指标体系构建的过程中，以提升学前教育公益性为主线，以强化区域政府学前教育管理职能为载体，力求指标选取的规范性、权重确定的合理性、评价方法的科学性，以达理论指导实践之目的。但是由于笔者自身学识水平的不足、研究时间的仓促、客观条件的限制，加上学前教育公益性评价体系构建的相关理论研究在国内外尚处于初始阶段，本文在研究中难免存在以下不足。

一、学前教育公益性评价指标体系需进一步完善

首先，本研究依据学前教育管理相关职能设置六项一级指标，而在实际操作过程中，因某些指标缺少统计资料，只能选用相似或相近的指标替代，相似或相近指标的替换能否真实反映客观事实，尚带有较强的主观臆断性，需要做进一步的思量与推敲。

其次，本评价指标体系中的二级指标的确定和权重的分配主要是通过问卷调查、专家访谈、比较研究等方法进行，这亦使得本研究所构建的评价指标体系在客观性、科学性和准确性上难免受到一定程度的影响。

二、本研究的数据尚有待进一步考证

一方面，本研究在进行定量分析过程中所采用的一些数据大多数是通过查阅地方学前教育行政主管部门的统计资料获得，因为有些数据涉及地方政府文件的保密限制，难以在第一时间内获得一手最新数据资料，使得本文在时效性上有一定的缺陷。

另一方面，因笔者相关理科知识的不足，导致评价指标体系构建过程中权重系数的确定、评价体系的编制、研究结果数学模型的建立等成为本研究中的一大薄弱环节。

三、学前教育公益性评价指标体系的灵活性和普适性有待加强

目前学前教育在我国的发展很不均衡，城乡之间、区域之间的发展差异很大，即使是在同一区域内部的不同地区也存在较大差异。本研究在指标体系构建过程中因各种主客观因素的限制，很难顾全所有参考因素，加上各个地区经济、文化发展水平的差异，导致本研究的灵活性和普适性相对不够。

本研究所构建的评价指标体系能否与客观事实相吻合、能否真正用来指导学前教育发展实践，还需做好以下后续研究：

（一）在理论研究上，本研究所涉及的学前教育产品属性理论、政府学前教育管理职能理论和层次分析理论，还有待进一步加强和丰富，使论文更具有学理性。

（二）如何将 AHP 及无量纲化等更好应用于学前教育公益性评价指标体系构建中去，使评价结果更加具有科学性和合理性，且保障评价结论的科学性和完整性等，这都将是今后研究的重点。

（三）理论研究成果能否与实践应用相吻合，决定了研究成果的生命力与研究价值。确保学前教育公益性评价指标体系的适用性、可操作性、科学性将是本课题后续研究工作的关注重点和研究方向。

参考文献

一、中文类

1. 中文译著文献

[1] [法] 亨利·法约尔．工业管理与一般管理 [M]．北京：机械工业出版社，2007 年版。

[2] [美] Petra E. Snowden Richard A. Gorton．学校领导与管理 [M]．钟启泉，赵中建主编，李敏，杨全印译，上海：华东师范大学出版社，2008 年版。

[3] [美] R·R. 布莱克，J·S. 穆顿．新管理方格 [M]．孔令济，徐吉贵译，北京：中国社会科学出版社，2004 年版。

[4] [美] 弗雷德里克·泰勒．科学管理原理 [M]．马风才译，机械工业出版社，2007 年版。

[5] [美] 赫伯特 A. 西蒙（Herbert A. Simon）．管理行为 [M]．詹正茂译，北京：机械工业出版社，2004 年版。

[6] [美] 切斯特 ·巴纳德．经理人的职能 [M]．王永贵译，北京：机械工业出版社，2007 年版。

[7] [美] 威廉·大内.Z理论 [M]. 朱雁斌译，北京：机械工业出版社，2007年版。

[8] [美] 韦恩·K. 霍伊，塞西尔·G. 米斯克尔. 教育管理学：理论·研究·实践 [M]. 范国睿译，北京：教育科学出版社，2007年版。

2. 中文著作文献

[9] 蔡迎旗. 幼儿教育财政投入与政策 [M]. 北京：教育科学出版社，2007年版。

[10] 姜凤华. 现代教育评价理论、技术、实践 [M]. 广州：广东人民出版社，2003年版。

[11] 庞丽娟. 中国教育改革30年——学前教育卷 [M]. 北京：北京师范大学出版社，2009年版。

[12] 吴钢. 现代教育评价基础 [M]. 学林出版社，2004年版。

[13] 杨莉君. 学前教育政策法规概论 [M]. 长沙：湖南师范大学出版社，2008年版。

[14] 朱家雄. 国际视野下的学前教育 [M]. 上海：华东师范大学出版社，2007年版。

[15] 胡中锋. 教育评价学 [M]. 北京：中国人民大学出版社，2008年版。

[16] 谷宏伟. 转型时期中国低收入家庭教育投资分析 [M]. 北京：中国金融出版社，2009年版。

[17] 常思亮. 教育管理学 [M]. 长沙：湖南大学出版社，2006年版。

[18] 陈孝彬. 教育管理学 [M]. 北京：北京师范大学出版社，1999

年版。

[19] 褚宏启主编. 教育管理与领导（第一卷）[M]. 北京：教育科学出版社，2008 年版。

[20] 冯大鸣. 美、英、澳教育管理前沿图景 [M]. 北京：教育科学出版社，2004 年版。

[21] 黄书光主编. 中国基础教育改革的历史反思与前瞻 [M]. 天津：天津教育出版社，2006 年版。

[22] 李祖超. 教育激励论 [M]. 北京：中国社会科学出版社，2008 年版。

[23] 孙绵涛. 教育管理学 [M]. 北京：人民教育出版社，2006 年版。

[24] 吴志宏，冯大鸣，魏志春主编. 新编教育管理学 [M]. 上海：华东师范大学出版社，2008 年版。

[25] 吴志宏，冯大鸣，周嘉方. 新编教育管理学 [M]. 上海：华东师范大学出版社，2000 年版。

[26] 肖宗六. 学校管理学 [M]. 北京：人民教育出版社，1988 年版。

[27] 徐小洲，伽纳泰理主编. 多国视野下的教育革新 [M]. 杭州：浙江大学出版社，2006 年版。

[28] 易凌峰，李伟涛主编. 现代学校人力资源管理 [M]. 天津：天津教育出版社，2006 年版。

[29] 张楚廷. 学校管理学 [M]. 长沙：湖南师范大学出版社，2000 年版。

[30] 张军，陈昌龙. 现代管理学 [M]. 北京：清华大学出版社，

2007 年版。

[31] 张天雪. 校长权力论——政府、公民社会和学校层面的研究 [M]. 北京：教育科学出版社，2008 年版。

[32] 张毅龙. 基础教育管理创新 [M]. 长沙：岳麓书社，2007 年版。

[33] 张念宏. 中国教育大百科全书 [Z]. 北京：海洋出版社，1991 年版。

[34] 周三多，陈传明，鲁明泓主编. 管理学——原理与方法 [M]. 上海：复旦大学出版社，2004 年版。

[35] 周欣，陈炎伟，张文冶，贾正如主编. 世界现代管理学家管理法则全书（上、中、下）[M]. 北京：中国社会科学出版社，1999 年版。

[36] 周欣，李霞，卢健，栗强主编. 世界古典管理学家管理法则全书（上、中、下）[M]. 北京：中国社会科学出版社，1999 年版。

[37] 章文波，朱晓明. 企业社会责任多视角透视 [M]. 北京：北京大学出版社，2009 年版。

[38] 吕萍. 浙江幼儿教育发展史 [M]. 杭州：杭州出版社，2009 年版。

3. 中文论文文献

[39] 傅传花. 班主任专业发展评价指标体系构建研究 [D]. 华东师大硕士论文，2007.

[40] 傅小芳. 反思当前学前教育评价——从瑞吉欧教育体系的记录说起 [J]. 学前课程研究，2008（3）.

[41] 高相凯. 当前农村幼儿教育存在的问题及反思 [J]. 现代教育

科学，2008（2）.

[42] 霍力岩．西方学前教育评价的发展历程及当代特点［J］．学前教育研究，1995（3）.

[43] 劳凯声．教育体制改革的公益性诉求［J］．热点聚焦，2008（7）.

[44] 劳凯声．面临挑战的教育公益性［J］．教育研究，2003（2）.

[45] 李敏谊，霍力岩．国际学前教育指标体系建设的新趋势［J］．比较教育研究，2009（12）.

[46] 刘晶波．“我国学前教育研究状况分析与评价（1996～2006）”课题的设计与实施［J］．学前教育研究，2007（9）.

[47] 刘彤．1985年来我国学前教育评价研究综述——一种期刊文献的视角［J］．早期教育，2008（7－8）.

[48] 刘占兰．学前教育必须保持教育性和公益性［J］．教育研究，2009（5）.

[49] 马娥．近20年国内学前教育评价研究文献综述［J］．延安职业技术学院学报，2009（6）.

[50] 庞丽娟．加快学前教育的发展与普及［J］．教育研究，2009（5）.

[51] 彭俊英．近六年我国学前教育评价研究的文献综述［J］．山东教育，2003（1）.

[52] 彭职勇．基础教育评价广延系统与督导式评价组织的构建——督导视野下的广延教育评价［D］．西南师范大学，2001.

[53] 蒲汝玲．近十年我国学前教育评价研究文献综述［J］．中华女子学院学报，2009（8）.

[54] 钱海娟. 兰州市学前教育评价的现状分析 [J]. 四川教育学院报，2005 (6).

[55] 霍力岩. 编制教育评估方案的一个关键问题——加权及其方法研究 [J]. 教育科学研究，2000 (1).

[56] 曲正伟. 我国义务教育公益性的概念建构及其政府责任 [J]. 教育理论与实践，2004 (4).

[57] 王化敏. 2005 年我国幼儿教育事业发展情况分析 [J]. 早期教育，2006 (10).

[58] 邢永富. 教育公益性原则略论 [J]. 北京师范大学学报，2001 (2).

[59] 杨晓萍，柴赛飞. 质性评定方法对我国学前教育评价的启示 [J]. 理论建设，2004 (3).

[60] 杨晓霞，吴开俊. 论高等教育公益性的缺失及应对 [J]. 理工高教研究，2009 (8).

[61] 姚伟，吴琼，张宪冰. "尊重的教育"理念下我国学前教育改革与发展的问题与对策 [J]. 东北师大学报，2009 (3).

[62] 尤莉. 教育公益性的重新解读 [J]. 中国电力教育，2008 (12).

[63] 中央教育科学研究所调研组. 学有所成——为制定《国家中长期教育改革和发展规划纲要》提供的六十条建议 [J]. 教育研究，2009 (3).

[64] 周欣. 表现性评价及其在学前教育中的应用 [J]. 学前教育研究，2009 (12).

[65] 肖远军. CIPP 教育评价模式探析 [J]. 教育科学，2003 (6).

[66] 郭元捷．区域教师教育专业化特色评估指标体系的构建［J］．中国教育学刊，2008（7）．

[67] 黄静宜．CIPP 课程评价模式简析［J］．职业技术教育，2005（10）．

[68] 张其志．CIPP 模式在研究性学习课程评价中的运用［J］．江西教育科研，2004（7）．

[69] 史晓燕．发展性学校评价模式探索［J］．教育探索，2004（10）．

[70] 教育研究编辑部．2009 中国教育研究前沿与热点问题年度报告［J］．教育研究，2010（2）．

[71] 徐建平．学校：在政府、市场与社会之间——现代学校制度的理论探索及启示［D］．北京师范大学，2006.

[72] 褚宏启．教育公平与教育效率：教育改革与发展的双重目标［J］．教育研究，2008（6）．

[73] 张春霞．政府履行职责是幼教事业发展的基本保证［J］．学前教育研究，2007（1）．

[74] 夏靖，庞丽娟，沙莉．立法促进学前教育公平，以台湾学前教育立法为例［J］．教育科学，2009（10）．

[75] 张克勤．浙江省宁波市学前教育发展策略刍议［J］．教育研究，2009（9）．

[76] 田新．基于 AHP 层次分析法的中小企业管理信息化模式构建［J］．中国管理信息化，2007（3）．

二、英文类

[77] OECD (2001). Starting Strong: Early Childhood Education and Care. Paris: OECD, p. 134.

[78] Shavelson, Richard J., McDonnell, L. & J. Oakes (1991). Steps in Designing an Indicator System. Practical Assessment, Research & Evaluation, 2 (12), http://PARE on line. net/getvn. 2009 - 08 - 09.

[79] The Consultative Group on Early Childhood Care and Development (2001). Early Childhood Indicators. Toronto: CG Secretariat, Faculty of Community Services, Ryerson University. http//www. unescobkk. org/fileadmin/user_ upload/appeal/ECCE/policy_ review/CN17_ Policy_ Judith. pdf, 2009 - 08 - 06.

[80] William H. Hoyt, Kangoh Lee. Educational vouchers, Welfare effects, and voting. Journal of public Economics 69 (1998) 211 -228.

[81] Daniel L. Stufflebeam, The CIPP MODEL FOR EVALUATION [M], Presented at the 2003 Annual Conference of the Oregon Program Evaluators Network (OPEN), Portland, Oregon, 10/03/2003.

三、主要参考网站

http: //www. cbe21. com/ 中国基础教育网

http: //www. moe. edu. cn 国家教育部官方网站

http: //www. cernet. edu, cn/ 中国教育科研网

http: //www. cnki. net 中文学术期刊网

http: //www. chinahightech. com/ 中国创新网

http: //zh. wikipedia. org/ 中文维基百科网

http：//news. sohu. com 搜狐新闻中心

http：//learning. sohu. com 搜狐教育频道

http：//www. ed. gov/index. jhtml 美国教育部官方网站

http：//www. nb. gov. cn 宁波市人民政府网

http：//www. nbedu. net 宁波市教育局网

http：//www. nbcs. gov. cn 宁波市财政局网

http：//www. beilun. gov. cn 宁波市北仑区人民政府网

http：//www. beilunedu. net 宁波市北仑区教育局网

http：//www. jiangbei. gov. cn 宁波市江北区人民政府网

http：//www. jiangbeiedu. net 宁波市江北区教育局网

http：//www. cixi. gov. cn 慈溪市人民政府网

http：//www. cixiedu. net 慈溪市教育局网

http：//www. cxcs. gov. cn 慈溪市财政局网

附录一

调查问卷（一）

尊敬的领导：

您好！我们是浙江省教育科学规划课题《学前教育公益性评价体系构建》课题组的成员。为了了解目前贵区县学前教育发展的现状，我们设计了这份问卷。问卷的所有信息只做统计研究之用，严格保密不做其他用途。问卷填写时不必署名，请填写您的真实想法。谢谢您的合作！

《学前教育公益性评价体系构建》课题组 2010 年 4 月

基本情况了解（请把符合您的选项的序号填在括号内）

1. 您的职级：（　　）①科员　②副科　③正科级　④副处　⑤正处级

2. 您的性别：（　　）①男　②女

3. 您的年龄：（　　）①50 岁以上　②40 岁以上　③30 岁以上

4. 您负责贵区学前教育管理工作的年限：（　　）

①不到一年　②1－2 年　③3－4 年　④5 年以上

5. 贵区县现有幼儿园（　　）所，公办园（　　）所，民办园（　　）所，事业编制幼儿教师（　　）人，非事业编制幼儿教师（　　）人，在园幼儿（　　）人，学前一年入学率为（　　），学前三年入学率

（　　）。

学前教育公益性评价指标体系构建调查问卷

一、请您根据自己的认识对各因素的赞同程度做出判断。每个问题有五个选项：1）非常赞同；2）赞同；3）不一定；4）不赞同；5）非常不赞同；请把最适合您的数字选项填在小括号内。请勿空题，谢谢！

		非常赞同	赞同	不一定	不赞同	非常不赞同	
1	贵区学前教育管理机构是相当健全的	1	2	3	4	5	（ ）
2	贵区在财政预算中已单列学前教育的财政投入，不再包含在中小学投入中	1	2	3	4	5	（ ）
3	贵区为学前教育发展已设立专项资金	1	2	3	4	5	（ ）
4	贵区的资金投入主要集中在公办园	1	2	3	4	5	（ ）
5	贵区学前教育非事业编制教师工资水平难以达到当地居民工资水平的1.5倍	1	2	3	4	5	（ ）
6	贵区对在户籍所在镇集体幼儿园接受教育的幼儿已给予了教育补贴	1	2	3	4	5	（ ）
7	特困家庭子女入园还没有经费补贴	1	2	3	4	5	（ ）
8	贵区政府幼儿生均经费补贴已达到小学生的三分之一	1	2	3	4	5	（ ）

续表

		非常赞同	赞同	不一定	不赞同	非常不赞同	
9	贵区学前教育经费占同级财政性教育经费的比例已达 5% 或 10%	1	2	3	4	5	(　)
10	确保政府投入和管理到位的有效措施在于建立健全法律法规	1	2	3	4	5	(　)
11	目前政府在学前教育投入上还存在随意性和盲目性	1	2	3	4	5	(　)
12	贵区能够如期完成市政府《关于加快学前教育改革与发展的若干意见》所规定的各项指标	1	2	3	4	5	(　)

二、请按以下各项目的要求进行选择（把序号填在括号内）或填写。

13. 目前在资金投入上，您认为最大的困难是什么？(　　)

A. 宁波经济虽发达，但地方财力不足

B. 有钱，但是对学前教育发展重视不够

C. 钱投了，但是缺乏科学管制，导致资源分配不公

D. 准备增加投入，但是缺乏判断政府财政投入学前教育最佳水平的标准和评价体系

14. 您认为贵区学前教育发展的重点和难点在（　　）。

A. 城市　　　　B. 农村

C. 街道　　　　D. 城乡交界处

15. 您理解的学前教育公益性是（　　）。

A. 全社会受益　　　B. 幼儿家长受益

C. 不是很清楚　　　D. 不具有公益性

16. 为体现学前教育的公平，提升其公益性，您认为最有效的保障措施是：(　　)(可选三项)

A. 增加投入　　　　B. 科学管理、合理布局

C. 建立相应法律　　D. 加强教师队伍建设

E. 其他

17. 最能体现学前教育公益性的指标有哪些？(　　)(可多选)

A. 政府的资金投入　B. 入学机会的均等

C. 资源的合理配置　D. 城乡均衡发展

18. 您认为目前提升学前教育公益性的最有效途径是什么？

____

19. 对于改变目前学前教育发展中存在的问题，您有哪些好的建议？

____

再次感谢您的支持与合作！

调查问卷（二）

尊敬的园长：

您好！我们是宁波市教育科学规划课题《学前教育公益性评价体系构建》课题组的成员。为了了解目前宁波市学前教育发展的现状，我们设计了这份问卷。问卷的所有信息只做统计研究之用，严格保密不做其他用途。问卷填写时不必署名，请填写您的真实想法。谢谢您的合作！

《学前教育公益性评价体系构建》课题组 2010 年 4 月

基本情况了解（请把符合您的选项的序号填在括号内）

1. 贵园的级别是：(　　)

①五星级　②四星级　③三星级　④普通幼儿园　⑤无证幼儿园

2. 贵园在体制上属于：(　　)

①公办　②民办　③其他

3. 贵园所在位置是：(　　)

①城市　②农村　③城乡交界处　④小区　⑤街道

4. 贵园的办学规模：(　　)

①3 – 6 个班　②7 – 9 个班　③10 – 15 个班　④15 个班以上

5. 您的性别：(　　) ①男　②女

6. 您的职称是：(　　)

①幼高　②幼中　③幼初　④其他　⑤暂无职称

学前教育公益性评价指标体系构建调查问卷

一、请您根据自己的认识对各因素的赞同程度做出判断。每个问题有五个选项：1）非常赞同；2）赞同；3）不一定；4）不赞同；5）非常不赞同；请把最适合您的数字选项填在小括号内。请勿空题，谢谢！

		非常赞同	赞同	不一定	不赞同	非常不赞同	
1	政府对学前教育的管理是及时、到位的	1	2	3	4	5	(　)
2	政府对学前教育的资金投入是充足的	1	2	3	4	5	(　)
3	非事业编制幼师对政府的工资补助是满意的	1	2	3	4	5	(　)
4	您对区县政府学前教育发展规划水平是满意的	1	2	3	4	5	(　)
5	您对区县政府学前教育的督导水平是满意的	1	2	3	4	5	(　)
6	农村学前教育经费投入所占比重不大	1	2	3	4	5	(　)
7	政府对特困家庭子女入园经费补贴太少	1	2	3	4	5	(　)
8	学前教育的公益性主要体现在各受益方对办学成本的合理分担，大头在政府	1	2	3	4	5	(　)

续表

		非常赞同	赞同	不一定	不赞同	非常不赞同	
9	学前教育公益性不断弱化的原因在于政府投入太少、管理欠到位	1	2	3	4	5	( )
10	确保政府投入和管理到位的有效措施在于建立健全法律法规	1	2	3	4	5	( )
11	目前政府在学前教育投入上还存在随意性和盲目性	1	2	3	4	5	( )
12	民办幼儿园没有享受到与公办幼儿园同等待遇	1	2	3	4	5	( )
13	家长对目前的教育比较满意	1	2	3	4	5	( )

二、请按以下各项目的要求进行单项选择（把序号填在括号内）或填写。

14. 为体现学前教育的公平，提升其公益性，您认为最有效的保障措施是：(　　)

A. 增加投入　　B. 科学管理、合理布局

C. 建立相应法律　　D. 加强教师队伍建设

E. 其他

15. 目前贵园的办园经费主要来源于（　　）。

A. 政府的投入　　B. 社会捐款

C. 学生的学费和保育费　　D. 企业投资

16. 您在办园过程中最大的阻力是（　　）。

A. 资金缺乏　　　　B. 教师队伍不稳

C. 生源不足　　　　D. 政府政策落实不到位

17. 最能体现学前教育公益性的指标有哪些？（　　）

A. 政府的资金投入　　B. 入学机会的均等

C. 资源的合理配置　　D. 城乡均衡发展

18. 您认为目前提升学前教育公益性的最有效途径是什么？

____

19. 对于改变目前学前教育发展中存在的问题，您有哪些好的建议？

____

再次感谢您的支持与合作！

调查问卷（三）

尊敬的幼儿家长：

您好！我们是浙江省教育科学规划课题《学前教育公益性评价体系构建》课题组的成员。为了了解目前宁波市学前教育发展的现状，我们设计了这份问卷。问卷的所有信息只做统计研究之用，严格保密不做其他用途。问卷填写时不必署名，请填写您的真实想法。谢谢您的合作！

《学前教育公益性评价体系构建》课题组 2010 年 4 月

基本情况了解（请把符合您的选项的序号填在括号内）

1. 您的职业：(　　)

①教师　②国家干部　③商人　④农民　⑤医生　⑥工人　⑦其他

2. 您的月收入：(　　)

①1000 元以下　②1000 ~ 1500 元　③1500 ~ 2000 元　④2000 ~ 3000 元　⑤3000 元以上

3. 您的户口类别：(　　) ①宁波本地户口　②浙江省内户口　③外省户口

4. 您的年龄：(　　) ①20 岁以上　②30 岁以上　③40 岁以上

5. 您的孩子就读幼儿园的类别：(　　)

①公办幼儿园 ②企事业单位幼儿园 ③私立幼儿园 ④其他

6. 您孩子每个月的学费和保育费：（ ）

①200 元以下 ②200 ~ 300 元 ③300 ~ 400 元

④400 ~ 600 元 ⑤700 ~ 1000 元 ⑥1000 元以上

学前教育公益性评价指标体系构建调查问卷

一、请您根据自己的认识对各因素的赞同程度做出判断。每个问题有五个选项：1）非常赞同；2）赞同；3）不一定；4）不赞同；5）非常不赞同；请把最适合您的数字选项填在小括号内。请勿空题，谢谢！

		非常赞同	赞同	不一定	不赞同	非常不赞同	
1	政府对学前教育的管理是及时、到位的	1	2	3	4	5	（ ）
2	政府对学前教育的资金投入是充足的	1	2	3	4	5	（ ）
3	您对目前孩子所受教育是满意的	1	2	3	4	5	（ ）
4	您对本区县幼儿园的布局是满意的	1	2	3	4	5	（ ）
5	您对幼儿园所收保育费是满意的	1	2	3	4	5	（ ）
6	您对政府的特困生补贴是满意的	1	2	3	4	5	（ ）
7	政府对公民办园的幼儿是一视同仁的	1	2	3	4	5	（ ）

二、请按以下各项目的要求进行单项选择（把序号填在括号内）或填写。

8. 您对孩子所受教育的看法：( )

A. 很满意 B. 还算满意

C. 不满意 D. 特别不满意

9. 您对孩子的教育费用的看法：( )

A. 收费太贵，令人受不了 B. 收费有点贵，但问题不是很大

C. 收费不贵，还算合理 D. 收费偏低

10. 政府对贫困家庭子女入学已给予了教育补贴（ ）。

A. 没有 B. 不知道

C. 有点补贴，但是不多 D. 补贴较多

11. 政府对本地户口子女入学已给予了适当教育补贴（ ）。

A. 没有 B. 不知道

C. 有点补贴，但是不多 D. 补贴较多

12. 孩子所上幼儿园离您家的距离：( )

A. 很远，不方便 B. 有点远，但问题不大

C. 不远，还算方便 D. 很近，很方便

13. 您是否参加过政府部门组织的免费幼儿教育指导培训？( )

A. 当地还没有这样的培训，因此没有参加过

B. 有培训，但是没有参加过

C. 参加过，效果还行

D. 参加过，但培训效果不佳

14. 您对参与孩子教育管理的愿望：( )

A. 很希望参与共同管理 B. 孩子的教育是幼儿园的事情，我不必参与

C. 参不参与无所谓 D. 不想参与

15. 您对目前学前教育收费的看法：(　　)(此题可多选)

A. 学前教育同属基础教育，所需费用理应由国家承担

B. 学前教育虽不是义务教育，但是政府理应增加投入，减轻家长负担

C. 学前教育家长可以承担一点费用，但是政府应该承担更多

D. 学前教育不是义务教育，家长有钱就上，钱多就上好园，没钱就不上

16. 在孩子的教育上，您最大的苦恼是什么？(请填写在横线上)

____

17. 对于改变目前学前教育发展中存在的问题，您有哪些好的建议？(请填写在横线上)

____

再次感谢您的支持与合作！

附录二

访谈问题提纲

工作单位：________________ 担任职务：________________

1. 针对全社会普遍关注的学前教育公益性问题，您认为目前学前教育具有公益性吗？

2. 您认为学前教育公益性的衡量标准有哪些？为什么？

3. 您认为目前政府对学前教育的投入资金是否合理、充足？

4. 您认为幼儿园的收费应该采用什么标准才更具公益性？

5. 若按照办园成本收费，您认为在生均幼儿教育成本中，政府、幼儿家长、幼儿园举办方和社会分别承担多少比较适合？为什么？

6. 如果政府要加大对民办幼儿园的投资，如何投资比较合适？如何管理这些幼儿园较为合理？

附录三

AHP 分析原始数据

一、指标体系结构模型

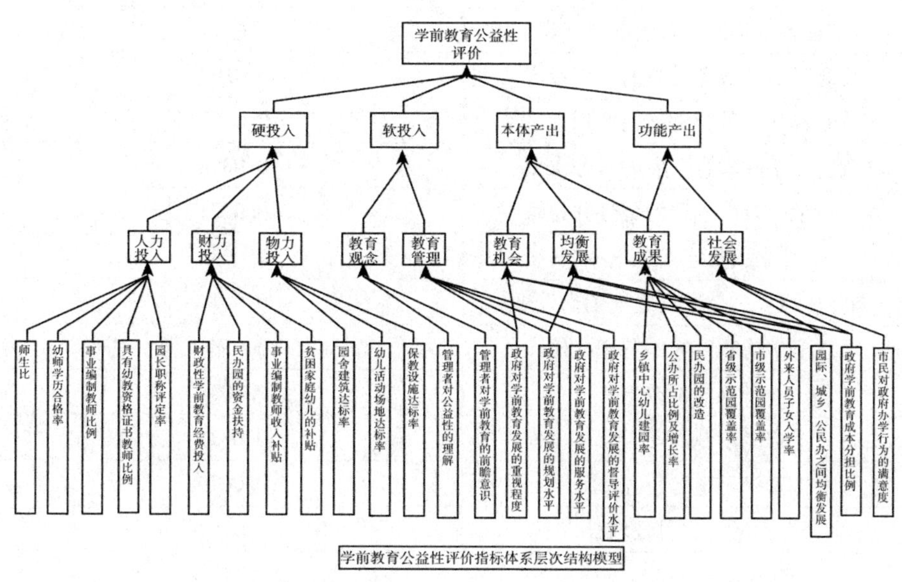

学前教育公益性评价指标体系层次结构模型

二、最终权重计算结果

备选方案	权重
师生比	0.0273
幼师学历合格率	0.0162
事业编制教师比例	0.0685
具有幼教资格证书教师比例	0.0113

续表

备选方案	权重
园长职称评定率	0.0065
财政性学前教育经费投入	0.2697
民办园的资金扶持	0.1104
非事业编制教师收入补贴	0.0348
贫困家庭幼儿的补贴	0.0638
园舍建筑达标率	0.0123
幼儿活动场地达标率	0.0041
保教设施达标率	0.0276
管理者对公益性的理解	0.0477
管理者对学前教育的前瞻意识	0.0119
政府对学前教育发展的重视程度	0.0192
政府对学前教育发展的规划水平	0.0562
政府对学前教育发展的服务水平	0.0856
政府对学前教育发展的督导评价水平	0.0221
外来人员子女入学率	0.0032
园际、城乡、公民办之间均衡发展	0.0214
政府学前教育成本分担比例	0.0386
民办园的改造	0.0078
市级示范园覆盖率	0.0021
省级示范园覆盖率	0.0029
公办园所占比例及增长率	0.0167
乡镇中心幼儿园建园率	0.0107
市民对政府办学行为的满意度	0.0011

三、判断矩阵一致性检验结果

1. 学前教育公益性评价　判断矩阵一致性比例：0.0923；对总目标的权重：1.0000；\lambda {max}：4.2465

学前教育公益性评价	硬投入	软投入	本体产出	功能产出	Wi
硬投入	1.0000	5.0000	9.0000	9.0000	0.6527
软投入	0.2000	1.0000	6.0000	6.0000	0.2383
本体产出	0.1111	0.1667	1.0000	2.0000	0.0638
功能产出	0.1111	0.1667	0.5000	1.0000	0.0451

2. 硬投入 判断矩阵一致性比例：0.0904；对总目标的权重：0.6527；\lambda {max}：3.0940

硬投入	人力投入	财力投入	物力投入	Wi
人力投入	1.0000	0.2000	4.0000	0.1991
财力投入	5.0000	1.0000	8.0000	0.7334
物力投入	0.2500	0.1250	1.0000	0.0675

3. 软投入 判断矩阵一致性比例：0.0000；对总目标的权重：0.2383；\lambda {max}：2.0000

软投入	教育观念	教育管理	Wi
教育观念	1.0000	0.3333	0.2500
教育管理	3.0000	1.0000	0.7500

4. 本体产出 判断矩阵一致性比例：0.0825；对总目标的权重：0.0638；\lambda {max}：3.0858

本体产出	教育机会	均衡发展	教育成果	Wi
教育机会	1.0000	0.2500	3.0000	0.2255
均衡发展	4.0000	1.0000	5.0000	0.6738
教育成果	0.3333	0.2000	1.0000	0.1007

5. 功能产出　判断矩阵一致性比例：0.0000；对总目标的权重：0.0451；\lambda {max}：2.0000

功能产出	社会发展	教育成果	Wi
社会发展	1.0000	0.3333	0.2500
教育成果	3.0000	1.0000	0.7500

6. 人力投入　判断矩阵一致性比例：0.0939；对总目标的权重：0.1299；\lambda {max}：5.4208

人力投入	师生比	幼师学历合格率	事业编制教师比例	具有幼教资格证书教师比例	园长职称评定率	Wi
师生比	1.0000	3.0000	0.2500	3.0000	3.0000	0.2102
幼师学历合格率	0.3333	1.0000	0.1667	3.0000	3.0000	0.1249
事业编制教师比例	4.0000	6.0000	1.0000	4.0000	7.0000	0.5274
具有幼教资格证书教师比例	0.3333	0.3333	0.2500	1.0000	3.0000	0.0873
园长职称评定率	0.3333	0.3333	0.1429	0.3333	1.0000	0.0503

7. 财力投入　判断矩阵一致性比例：0.0943；对总目标的权重：0.4787；\lambda {max}：4.2519

财力投入	财政性学前教育经费投入	民办园的资金扶持	事业编制教师收入补贴	贫困家庭幼儿的补贴	Wi
财政性学前教育经费投入	1.0000	4.0000	5.0000	4.0000	0.5634
民办园的资金扶持	0.2500	1.0000	3.0000	3.0000	0.2307
事业编制教师收入补贴	0.2000	0.3333	1.0000	0.3333	0.0727

续表

财力投入	财政性学前教育经费投入	民办园的资金扶持	事业编制教师收入补贴	贫困家庭幼儿的补贴	Wi
贫困家庭幼儿的补贴	0. 2500	0. 3333	3. 0000	1. 0000	0. 1332

8. 物力投入　判断矩阵一致性比例：0. 0825；对总目标的权重：0. 0441；\ lambda {max}：3. 0858

物力投入	园舍建筑达标率	幼儿活动场地达标率	保教设施达标率	Wi
园舍建筑达标率	1. 0000	4. 0000	0. 3333	0. 2797
幼儿活动场地达标率	0. 2500	1. 0000	0. 2000	0. 0936
保教设施达标率	3. 0000	5. 0000	1. 0000	0. 6267

9. 教育观念　判断矩阵一致性比例：0. 0000；对总目标的权重：0. 0596；\ lambda {max}：2. 0000

教育观念	管理者对公益性的理解	管理者对学前教育的前瞻意识	Wi
管理者对公益性的理解	1. 0000	4. 0000	0. 8000
管理者对学前教育的前瞻意识	0. 2500	1. 0000	0. 2000

10. 教育管理　判断矩阵一致性比例：0. 0581；对总目标的权重：0. 1788；\ lambda {max}：4. 1550

教育管理	政府对学前教育发展的重视程度	政府对学前教育发展的规划水平	政府对学前教育发展的服务水平	政府对学前教育发展的督导评价水平	Wi
政府对学前教育发展的重视程度	1.0000	0.3333	0.3333	0.5000	0.0994
政府对学前教育发展的规划水平	3.0000	1.0000	0.5000	3.0000	0.2981
政府对学前教育发展的服务水平	3.0000	2.0000	1.0000	5.0000	0.4789
政府对学前教育发展的督导评价水平	2.0000	0.3333	0.2000	1.0000	0.1237

11. 教育机会　判断矩阵一致性比例：0.0825；对总目标的权重：0.0144；\ lambda {max}：3.0858

教育机会	外来人员子女入学率	园际、城乡、公民办之间均衡发展	政府对学前教育发展的重视程度	Wi
外来人员子女入学率	1.0000	0.2500	3.0000	0.2255
园际、城乡、公民办之间均衡发展	4.0000	1.0000	5.0000	0.6738
政府对学前教育发展的重视程度	0.3333	0.2000	1.0000	0.1007

12. 均衡发展　判断矩阵一致性比例：0.0904；对总目标的权重：

0. 0430； \ lambda {max}：3. 0940

均衡发展	园际、城乡、公民办之间均衡发展	政府对学前教育发展的规划水平	政府学前教育成本分担比例	Wi
园际、城乡、公民办之间均衡发展	1. 0000	4. 0000	0. 2000	0. 1991
政府对学前教育发展的规划水平	0. 2500	1. 0000	0. 1250	0. 0675
政府学前教育成本分担比例	5. 0000	8. 0000	1. 0000	0. 7334

13. 教育成果　判断矩阵一致性比例：0. 0796；对总目标的权重：0. 0403； \ lambda {max}：5. 3565

教育成果	民办园的改造	市级示范园覆盖率	省级示范园覆盖率	公办园所占比例及增长率	乡镇中心幼儿园建园率	Wi
民办园的改造	1. 0000	5. 0000	4. 0000	0. 5000	0. 3333	0. 1939
市级示范园覆盖率	0. 2000	1. 0000	0. 5000	0. 2000	0. 2500	0. 0528
省级示范园覆盖率	0. 2500	2. 0000	1. 0000	0. 2000	0. 2500	0. 0729
公办园所占比例及增长率	2. 0000	5. 0000	5. 0000	1. 0000	3. 0000	0. 4151
乡镇中心幼儿园建园率	3. 0000	4. 0000	4. 0000	0. 3333	1. 0000	0. 2653

14. 社会发展　判断矩阵一致性比例：0.0825；对总目标的权重：0.0113；λ_{max}：3.0858

社会发展	市民对政府办学行为的满意度	政府学前教育成本分担比例	园际、城乡、公民办之间均衡发展	Wi
市民对政府办学行为的满意度	1.0000	0.2000	0.2500	0.0936
政府学前教育成本分担比例	5.0000	1.0000	3.0000	0.6267
园际、城乡、公民办之间均衡发展	4.0000	0.3333	1.0000	0.2797

附录四

宁波市学前教育发展相关数据

（宁波市教育局提供）

表一：09 年幼儿园基本情况

		总计	城市*					农村*				
			小计	教育办	集体办	民办	其他部门办	小计	教育办	集体办	民办	其他部门办
幼儿园数		1244	458	87	16	333	22	786	26	91	664	5
在园儿童数		235303	101831	27116	5865	61154	7696	133472	8947	22375	100841	1309
办园规模	1－3 班	276	74	7	0	65	2	202	1	20	180	1
	4－6 班	537	161	14	0	144	3	376	4	29	343	0
	7－9 班	238	114	29	7	72	6	124	6	19	97	2
	10－12 班	108	57	21	5	30	1	51	7	11	31	2
	13 班以上	85	52	17	4	21	10	33	8	11	14	0

备注：①“城市”是指设区市下辖的区、县级市的城区以及县城。

②“农村”是指城市以外的乡镇及所辖的村等区域。

表二：幼儿园定级情况

		总计	城市*					农村*				
			小计	省一级	省二级	省三级	准办园	小计	省一级	省二级	省三级	准办园
幼儿园数		1244	458	39	120	99	200	786	5	74	245	462
在园儿童数		235303	101831	16494	37028	20009	28300	133472	2458	28180	55291	47543
办园规模	1－3 班	276	74		6	10	58	202			24	178
	4－6 班	537	161	2	17	51	91	376		5	11	259
	7－9 班	238	114	11	46	23	34	124		27	74	23
	10－12 班	108	57	7	27	9	14	51	2	20	28	1
	13 班以上	85	52	19	26	5	2	33	3	20	10	

表三：教职员工情况

单位：人

<table>
<tr><th colspan="3" rowspan="2"></th><th rowspan="2">教职工总数</th><th rowspan="2">园长</th><th rowspan="2">专任教师</th><th rowspan="2">保育员</th><th rowspan="2">保健员</th><th rowspan="2">其他人员</th><th colspan="3">其中：农村</th></tr>
<tr><th>小计</th><th>园长</th><th>专任教师</th></tr>
<tr><td colspan="3">总　计</td><td>23065</td><td>1333</td><td>12977</td><td>4308</td><td>746</td><td>3701</td><td>7410</td><td>825</td><td>6585</td></tr>
<tr><td colspan="2" rowspan="2">事业编制</td><td>计</td><td>1988</td><td>209</td><td>1564</td><td>58</td><td>49</td><td>118</td><td>535</td><td>88</td><td>447</td></tr>
<tr><td>其中：教育财政拨款</td><td>1832</td><td>189</td><td>1435</td><td>56</td><td>45</td><td>107</td><td>513</td><td>85</td><td>431</td></tr>
<tr><td colspan="3">获《资格证书》（或上岗证）③</td><td>14284</td><td>1033</td><td>8038</td><td>3653</td><td>564</td><td>996</td><td>3866</td><td>587</td><td>3279</td></tr>
<tr><td rowspan="5">学历</td><td colspan="2">研究生毕业</td><td>6</td><td>2</td><td>4</td><td>0</td><td>0</td><td>0</td><td>0</td><td>0</td><td>0</td></tr>
<tr><td colspan="2">本科毕业</td><td>1363</td><td>237</td><td>1074</td><td>5</td><td>17</td><td>30</td><td>339</td><td>92</td><td>247</td></tr>
<tr><td colspan="2">专科毕业</td><td>6465</td><td>536</td><td>5523</td><td>60</td><td>214</td><td>132</td><td>2725</td><td>335</td><td>2390</td></tr>
<tr><td colspan="2">中（幼）师及高中</td><td>8530</td><td>518</td><td>5987</td><td>1089</td><td>399</td><td>537</td><td>4126</td><td>375</td><td>3751</td></tr>
<tr><td colspan="2">高中以下</td><td>6701</td><td>40</td><td>389</td><td>3154</td><td>116</td><td>3002</td><td>220</td><td>23</td><td>197</td></tr>
<tr><td rowspan="4">职称</td><td rowspan="3">已评</td><td>幼（小）教高级及以上</td><td>1289</td><td>291</td><td>768</td><td>187</td><td>19</td><td>24</td><td>228</td><td>110</td><td>118</td></tr>
<tr><td>幼（小）教一级</td><td>3479</td><td>267</td><td>2946</td><td>211</td><td>32</td><td>23</td><td>1100</td><td>186</td><td>913</td></tr>
<tr><td>其他级别</td><td>1025</td><td>94</td><td>435</td><td>139</td><td>131</td><td>226</td><td>303</td><td>76</td><td>227</td></tr>
<tr><td colspan="2">未　评</td><td>17272</td><td>681</td><td>8828</td><td>3771</td><td>564</td><td>3428</td><td>5779</td><td>453</td><td>5327</td></tr>
</table>

备注：③“获《资格证书》（或上岗证）”，对于园长，指是否获得《幼儿园园长岗位培训合格证书》；对于专任教师，指是否取得《教师资格证》；对于保育员、保健员、其他人员，指是否取得相应上岗证。

表四：在园儿童数及入园率情况

<table>
<tr><td rowspan="3"></td><td rowspan="3">年龄</td><td rowspan="3">本辖区户籍适龄儿童数*</td><td rowspan="2">其中</td><td colspan="4">在园儿童情况</td><td colspan="2" rowspan="2">3—5 周岁户籍儿童入园率</td><td colspan="3" rowspan="2">3—5 周岁农村户籍儿童入园率</td></tr>
<tr><td colspan="4">其 中</td></tr>
<tr><td>农村户籍儿童数</td><td>在园儿童总数*</td><td>本县（市、区）户籍儿童数*</td><td>本市（设区市）户籍儿童数*</td><td>本省户籍儿童数*</td><td>省外儿童数</td><td>农村儿童数</td><td>女童数</td><td>99.2</td><td></td></tr>
<tr><td rowspan="6">年龄分布情况</td><td>总计</td><td>135334</td><td>87620</td><td>235303</td><td></td><td>158474</td><td>164890</td><td>70413</td><td>129646</td><td>109174</td><td></td><td></td></tr>
<tr><td>3 周岁以下</td><td>58724</td><td>33391</td><td>26445</td><td></td><td>18148</td><td>18969</td><td>7474</td><td>14625</td><td>14115</td><td rowspan="2">5 周岁户籍儿童入园率</td><td rowspan="2">5 周岁农村户籍儿童入园率</td></tr>
<tr><td>3 周岁</td><td>42514</td><td>26074</td><td>58103</td><td></td><td>42038</td><td>43291</td><td>14866</td><td>30893</td><td>27902</td></tr>
<tr><td>4 周岁</td><td>45956</td><td>29222</td><td>71352</td><td></td><td>47606</td><td>49067</td><td>22167</td><td>37162</td><td>33408</td><td rowspan="3">95.4</td><td rowspan="3"></td></tr>
<tr><td>5 周岁</td><td>50059</td><td>28535</td><td>73495</td><td></td><td>47758</td><td>49888</td><td>23692</td><td>43082</td><td>35503</td></tr>
<tr><td>6 周岁</td><td>18469</td><td>8572</td><td>5685</td><td></td><td>2924</td><td>3453</td><td>2232</td><td>3883</td><td>3028</td></tr>
</table>

备注：④“本辖区户籍适龄儿童数”采用统一提供的2008年12月底省公安厅统计数据。

⑤“在园儿童数”其中有3栏数据是包含关系，“本市（设区市）户籍儿童数”包含“本县（市、区）户籍儿童数”，“本省户籍儿童数”包含“本市（设区市）户籍儿童数”。其中，“本县（市、区）户籍儿童数”由县（市、区）教育局填写，设区市教育局无须填写。

表五：农村幼儿教育基本情况

	乡镇总数	112	有中心园的乡镇数	112	乡镇中心园总数	114	法人独立园数	112	园舍独立园数	112	经费独立园数	112
	行政村总数	1801	有幼儿园（班）的行政村数	509	村幼儿园总数	564	其中：集体办	40	其中：民办	521	其中：中心园教学点	15
乡镇中心园			办园性质				等　级					
			教育办	集体办	民办	其他部门办	省一级	省二级	省三级	准办园	未定级	
	园所数	114	16	53	45		5	54	52	1	2	
	在园儿童数	40164	7178	16206	16780		2739	21966	14641	182	636	

附录五

2009年宁波慈溪市学前教育发展原始数据（慈溪市教育局提供）

表一：慈溪市幼儿园基本情况

		总计	城市*					农村*			
			小计	教育办	集体办	民办	其他部门办	小计	教育办	集体办	民办
幼儿园数		254	41	1	2	37	1	213	1	15	197
在园儿童数		47819	9498	512	624	7636	726	38321	869	2482	34970
办园规模	1－3班	79	7			7		72			72
	4－6班	102	14			14		88		10	78
	7－9班	35	10			10		25		2	23
	10－12班	24	5		2	3		19			19
	13班以上	14	5	1		3	1	9	1	3	5

备注：①“城市”是指设区市下辖的区、县级市的城区、以及县城。

②“农村”是指城市以外的乡镇及所辖的村等区域。

表二：慈溪市幼儿园定级情况

		总计	城市					农村				
			小计	省一级	省二级	省三级	准办园	小计	省一级	省二级	省三级	准办园
幼儿园数		254	41	4	4	7	26	213	0	11	51	151
在园儿童数		47819	9498	2029	1564	1831	4074	38321	0	4906	14538	18877
办园规模	1－3 班	79	7			0	7	72			1	71
	4－6 班	102	14			1	13	88			17	71
	7－9 班	35	10			5	5	25			17	8
	10－12 班	24	5		3	1	1	19		8	10	1
	13 班以上	14	5	4	1							

表三：宁波慈溪市教职员工情况

单位：人

			教职工总数	园长	专任教师	保育员	保健员	其他人员	其中：农村		
									小计	园长	专任教师
总计			4415	325	2514	621	151	804	2223	255	1968
事业编制	小计		238	17	189		3	29	107	9	98
	其中：教育财政拨款		238	17	189		3	29	107	9	98
获《资格证书》（或上岗证）			2247	272	1310	526	139		1054	153	901
学历	研究生毕业		1	1							
	本科毕业		198	37	148		1	12	102	21	81
	专科毕业		1113	149	909	5	25	25	698	110	588
	中（幼）师及高中		1926	133	1404	169	100	120	1365	119	1246
	高中以下		1177	5	53	447	25	647	58	5	53
职称	已评	幼（小）教高级及以上	106	46	48			12	42	30	12
		幼（小）教一级	524	109	386	4	10	15	305	83	222
		其他级别									
	未评		3785	170	2080	617	141	777	1876	142	1734

备注：③“获《资格证书》（或上岗证）”，对于园长，指是否获得《幼儿园园长岗位培训合格证书》；对于专任教师，指是否取得《教师资格证》；对于保育员、保健员、其他人员，指是否取得相应上岗证。

表四：慈溪市在园儿童数及入园率情况

<table>
<tr><td rowspan="3"></td><td rowspan="3">年龄</td><td rowspan="3">本辖区户籍适龄儿童数*</td><td>其中</td><td colspan="4">在园儿童情况</td><td colspan="2" rowspan="2">3—5 周岁户籍儿童入园率</td><td colspan="3" rowspan="2">3—5 周岁农村户籍儿童入园率</td></tr>
<tr><td rowspan="2">农村户籍儿童数</td><td colspan="4">其　中</td></tr>
<tr><td>在园儿童总数*</td><td>本县（市、区）户籍儿童数*</td><td>本市（设区市）户籍儿童数*</td><td>本省户籍儿童数*</td><td>省外儿童数</td><td>农村儿童数</td><td>女童数</td><td>99.83</td><td>98.3</td></tr>
<tr><td rowspan="6">年龄分布情况</td><td>总计</td><td>34539</td><td>26614</td><td>47819</td><td>24831</td><td>25548</td><td>26013</td><td>20266</td><td>21806</td><td>21077</td><td></td><td></td></tr>
<tr><td>3 周岁以下</td><td>13463</td><td>9449</td><td>7664</td><td>3930</td><td>4315</td><td>4567</td><td>2731</td><td>3097</td><td>3323</td><td rowspan="2">5 周岁户籍儿童入园率</td><td rowspan="2">5 周岁农村户籍儿童入园率</td></tr>
<tr><td>3 周岁</td><td>5350</td><td>4033</td><td>10261</td><td>5183</td><td>5250</td><td>5279</td><td>3962</td><td>4982</td><td>4618</td></tr>
<tr><td>4 周岁</td><td>7291</td><td>6019</td><td>13786</td><td>7221</td><td>7298</td><td>7376</td><td>6104</td><td>6410</td><td>6087</td><td rowspan="3">99.89</td><td rowspan="3">99.2</td></tr>
<tr><td>5 周岁</td><td>8435</td><td>7113</td><td>15693</td><td>8426</td><td>8601</td><td>8701</td><td>7379</td><td>6992</td><td>6904</td></tr>
<tr><td>6 周岁</td><td></td><td></td><td>415</td><td>71</td><td>84</td><td>90</td><td>90</td><td>325</td><td>145</td></tr>
</table>

备注：④“本辖区户籍适龄儿童数”采用统一提供的2009年12月底省公安厅统计数据。

⑤“在园儿童数”其中有3栏数据是包含关系，“本市（设区市）户籍儿童数”包含“本县（市、区）户籍儿童数”，“本省户籍儿童数”包含“本市（设区市）户籍儿童数”。其中，“本县（市、区）户籍儿童数”由县（市、区）教育局填写，设区市教育局无须填写。

附录六

2009 年宁波北仑区学前教育发展原始数据
（北仑区教育局提供）

教职工	总数（人）			编制		学历（%）			职称评定率（%）	教师工资（年收入万）		
	园长	专任教师	其他	事业	企业	本科	大专	其他		事业编制	企业编制	自聘教师
	89	1222	603	144	91	14. 6	63. 1	22. 3	69. 3	6. 5	4. 8	2. 8

幼儿园	总数（所）			幼儿园级别				
	公办	街道、企业办	民办、个体办	省一级	省二级	省三级	市达纲幼儿园	其他
	8	15	66	6	21	33	26	1

幼儿	总数	净入学率		在省三级以上园就读率	民办园生均公用经费（年/元）			
		一年	三年		省标准园	省一星级	省二星级	省三星级
	19865	100	99. 7	82. 3	50	100	200	300

备注：①事业编制教师年收入6. 5 万，要求是在省二级及以上幼儿园工作；②非事业编制教师年收入4. 8 万，要求幼儿园高级职称；③非事业编制教师年收入4. 3 万，要求具有初级职称。

附录七

2009年宁波江北区学前教育发展原始数据

（江北区教育局提供）

教职工	总数（人）			编制		学历（%）			职称评定率（%）	教师工资（年收入万）		
	园长	专任教师	其他	事业	企业	本科	大专	其他		事业编制	企业编制	自聘教师
	89	1222	603	144	91	14.6	63.1	22.3	69.3	6.5	4.8	2.8

幼儿园	总数（所）			幼儿园级别				
	公办	街道、企业办	民办、个体办	省一级	省二级	省三级	市达纲幼儿园	其他
	8	15	66	6	21	33	26	1

幼儿	总数	净入学率		在省三级以上园就读率	民办园生均公用经费（年/元）			
		一年	三年		省标准园	省一星级	省二星级	省三星级
	19865	100	99.7	82.3	50	100	200	300

后　记

学前教育是重要的社会公益性事业，是关系千家万户切身利益的民生工程，其发展须坚持公益性，这是国际社会的普遍共识。因为坚持学前教育的公益性，将有助于促进学前适龄儿童身心健康成长，有利于提升国民综合素质，同时亦有利于维护社会公平。因此，当下许多国家均依据本国国情，采取相应对策，努力提升学前教育公益性，以此达到保障儿童权利、维护社会公平、促进教育发展之目的。快速发展中的中国更不例外，学前教育备受重视，党的十九大报告首次提出“幼有所育”，努力让每一个孩子都能享有公平而有质量的教育，是改善民生、维护公平的重要举措，是当下建设新时代中国特色社会主义的基本方略之一。然而，如何科学评价学前教育公益性的缺失与否、强弱与否，是摆在国人面前的一个十分重要且亟待攻克的难题。本书便是基于这种现实的迫切需求而展开的一系列探讨。

本书运用 AHP（层次分析法），结合一手调研资料，根据

"投入—产出"模型设计的"学前教育公益性评价指标体系"受到宁波市教育局等教育行政主管的高度重视和广大相关研究者的青睐。该评价指标体系曾多次被相关部门运用到当地的学前教育公益性评价工作中，且评价结果认可度较高。如此运用效果，激发了本人进一步完善此项研究的热情和将其付梓的意愿。

在本书即将交付出版之际，特向为本书的成功撰写与顺利出版提供帮助的人致以诚挚的谢意。首先，我要深深感谢宁波大学教师教育学院教育与经济管理专业的科研团队。他们为本研究的框架设计、方法选取、样本筛选、资料收集、数据统计、报告撰写等工作奉献智慧、提供帮助。宁波市教育局基教处的何倩处长、北仑区教育局普教科的周明芬老师、江北区教育局普教科的江爱军老师和慈溪市教育局普教科的陆建峰老师为本研究的调研、资料收集等工作提供了大量的帮助，在此特别向他们表示衷心的感谢！

其次，在本文的写作过程中，宁波市教育局副局长胡赤弟教授、宁波大学成人教育学院院长乐传永教授等专家为本书的撰写提出了许多宝贵的建议，专家们的智慧使本书的写作进展更为顺利。而四川师范大学教育科学学院院长巴登尼玛教授、吴定初教授对本人的勉励与鞭策，湖南文理学院师范学院院长唐松林教授、书记张奋副教授和副院长蒋良富副教授对本人的鼓励与支持，加速了本书的快速成型。借此机会，向以上专家表示衷心的感谢。

多年来，我原工作单位汉寿县第三中学的周永忠校长、曾浩校长、杨开平校长、吴月华老师、曾小刚老师、叶伟老师、郭林霞老师、杨辉老师、聂景福老师、李国伟老师、杨志勇老师等领导、同事，一直以不同的方式默默地关心我、鼓励我，让我的科研有了坚强的后盾，在此一并道一声：“谢谢!”

再次，我要深深感谢我的父母、妻子、兄弟姐妹和儿女对我极大的鼓励与支持。家人的关爱是我克服困难、超越自我的永恒精神动力！也正是他们的那一份深深关爱时刻激励着我向更高、更强、更好奋斗！特将此书赠给我那两位名副其实的“博士后”——刘龄翼和刘千禾。

最后，本书的出版得到了中联华文（北京）社科图书咨询中心张金良先生、范晓虹女士以及中国社会出版社相关工作人员的鼎力相助和大力支持。特向他们表示诚挚的谢意!

本书虽经过多次修改、校对，但由于本人水平有限，仍不免存在错漏之处，恳请各位同人不吝指正。

刘鸿昌

四川师范大学博学苑

2018 年 3 月 28 日